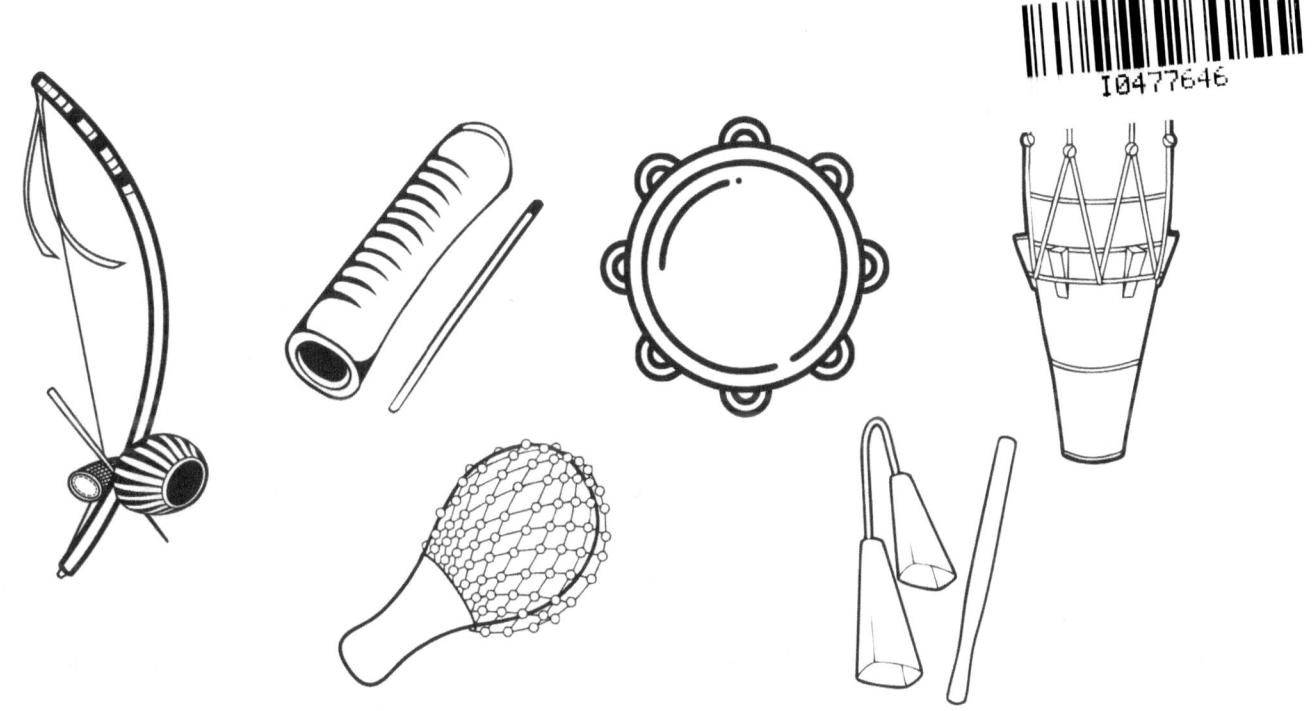

Este livro pertence a:_____

O meu grupo de Capoeira é:_____

O nome do professor é:_____

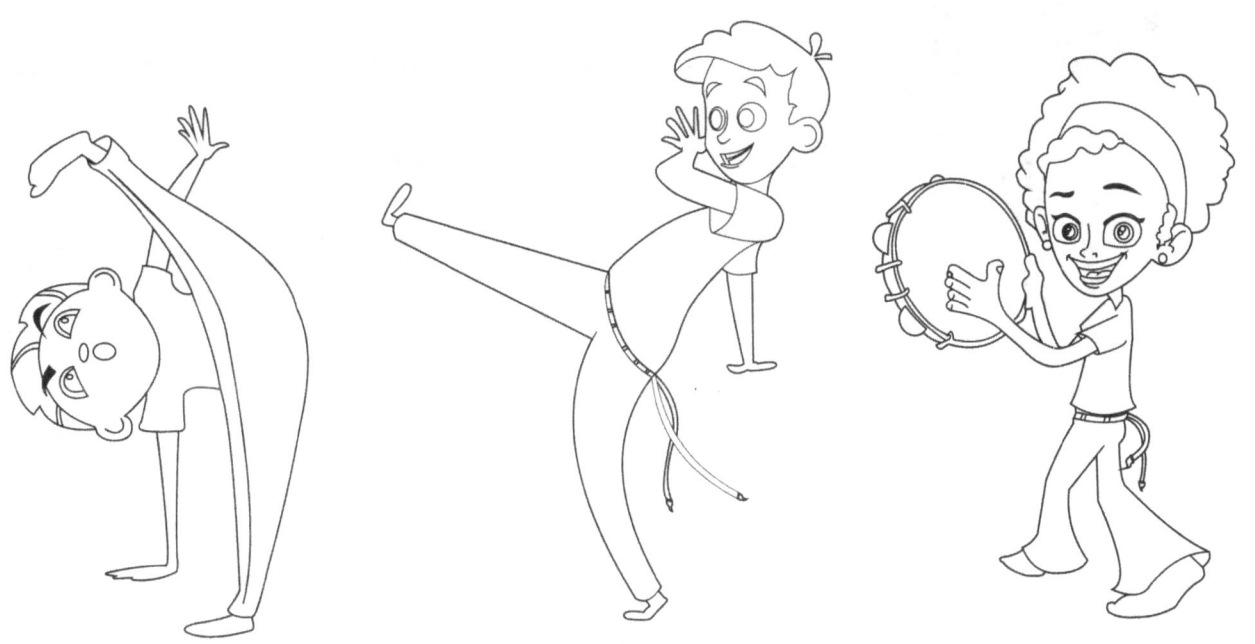

Teill 01

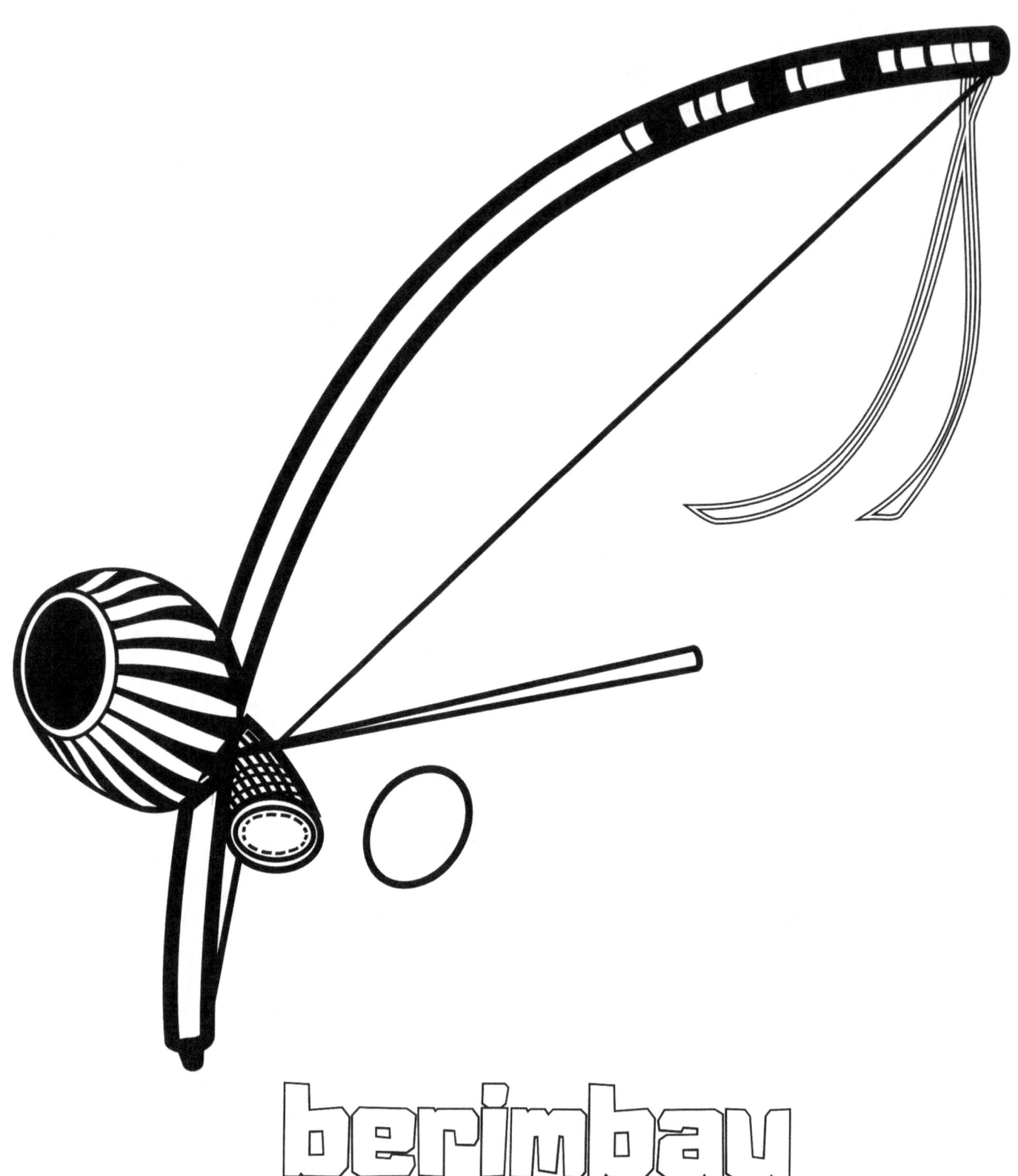

berimbau

Teil 03

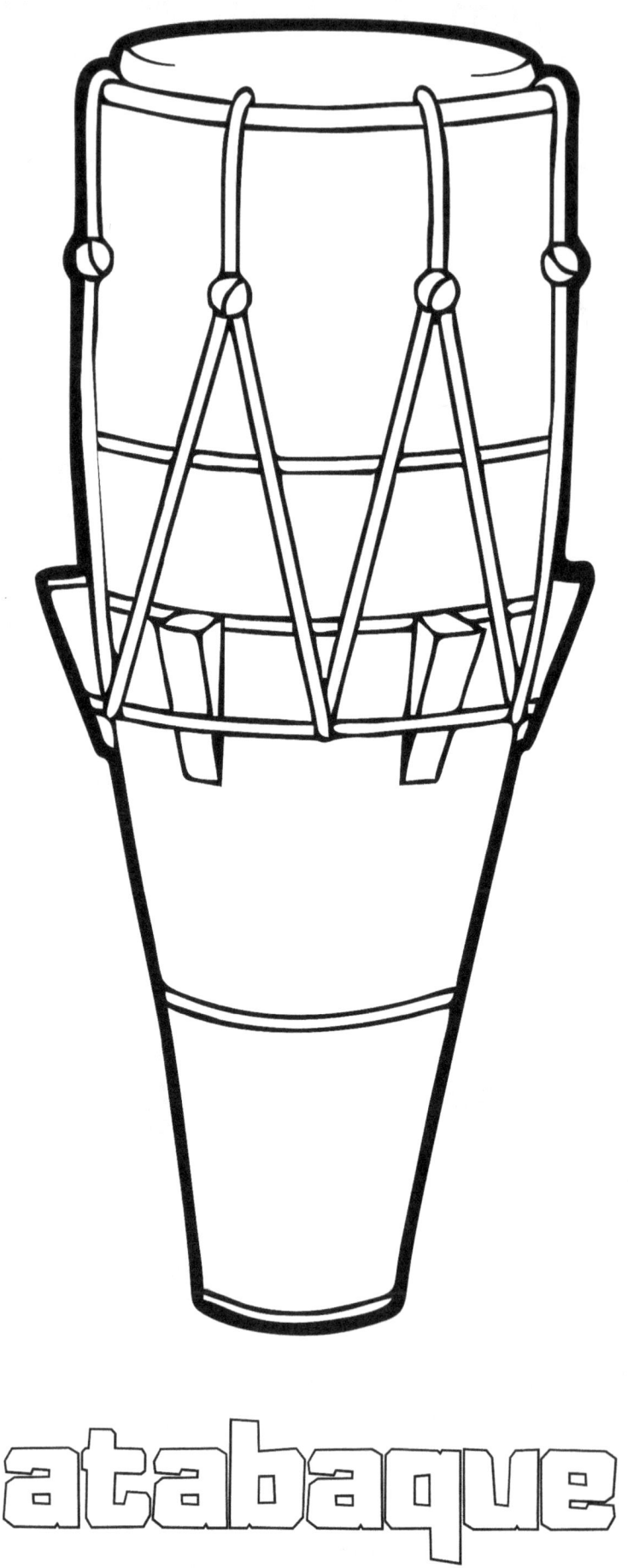

atabaque

Teill 04

Teill 05

Rasteira

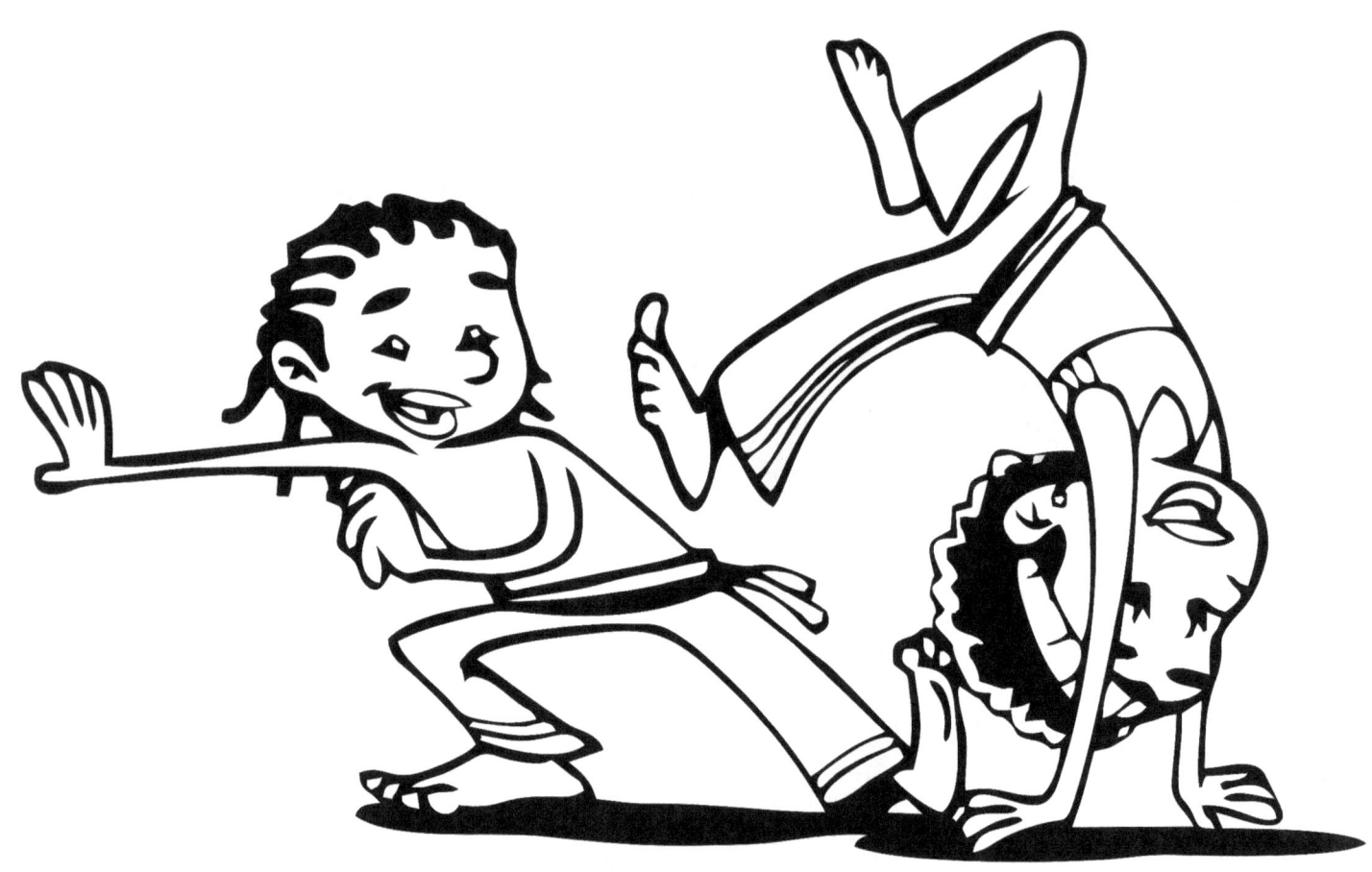

Bananeira

Teill 06

Teill 07

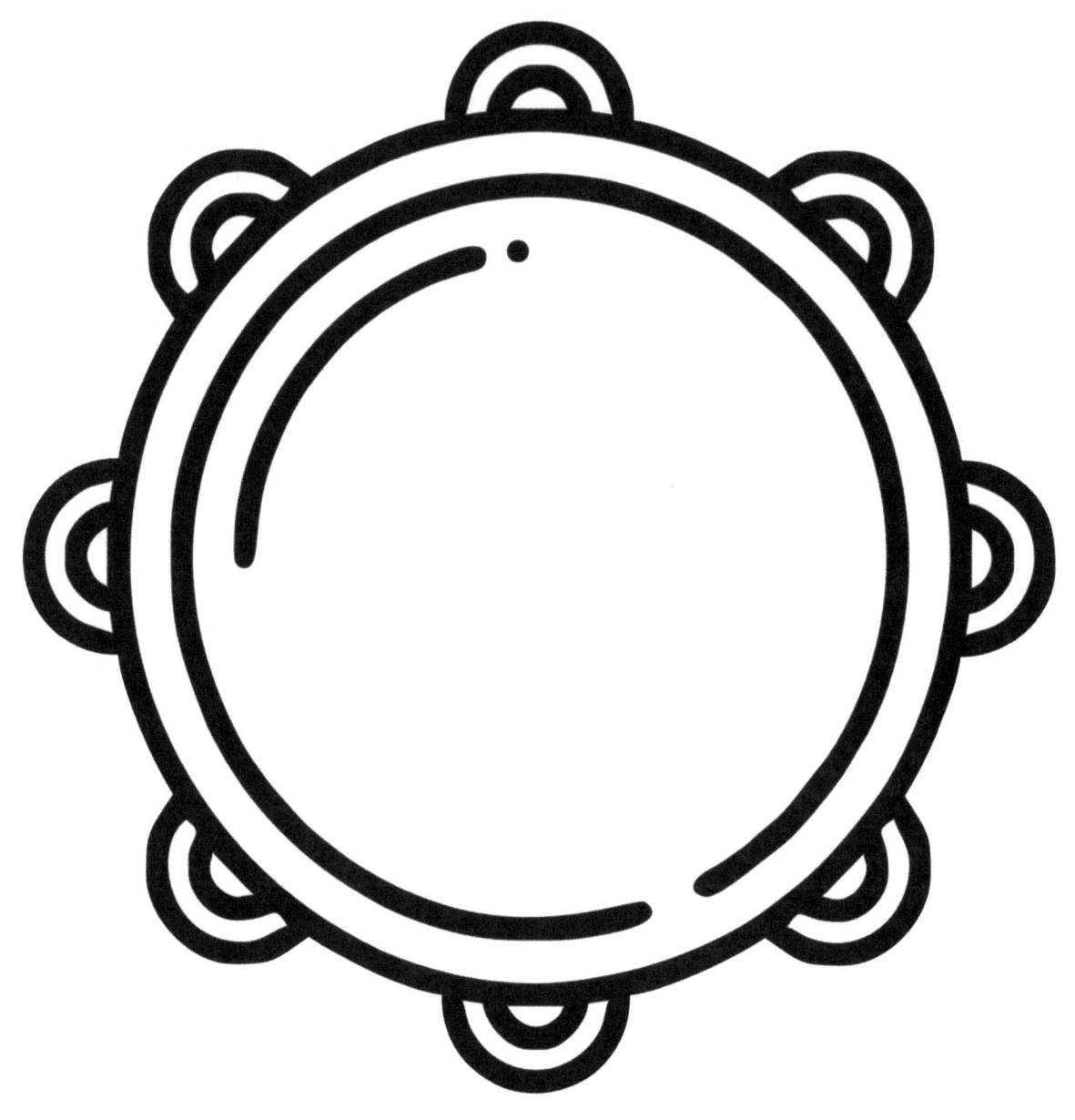

pandeiro

Teill 09

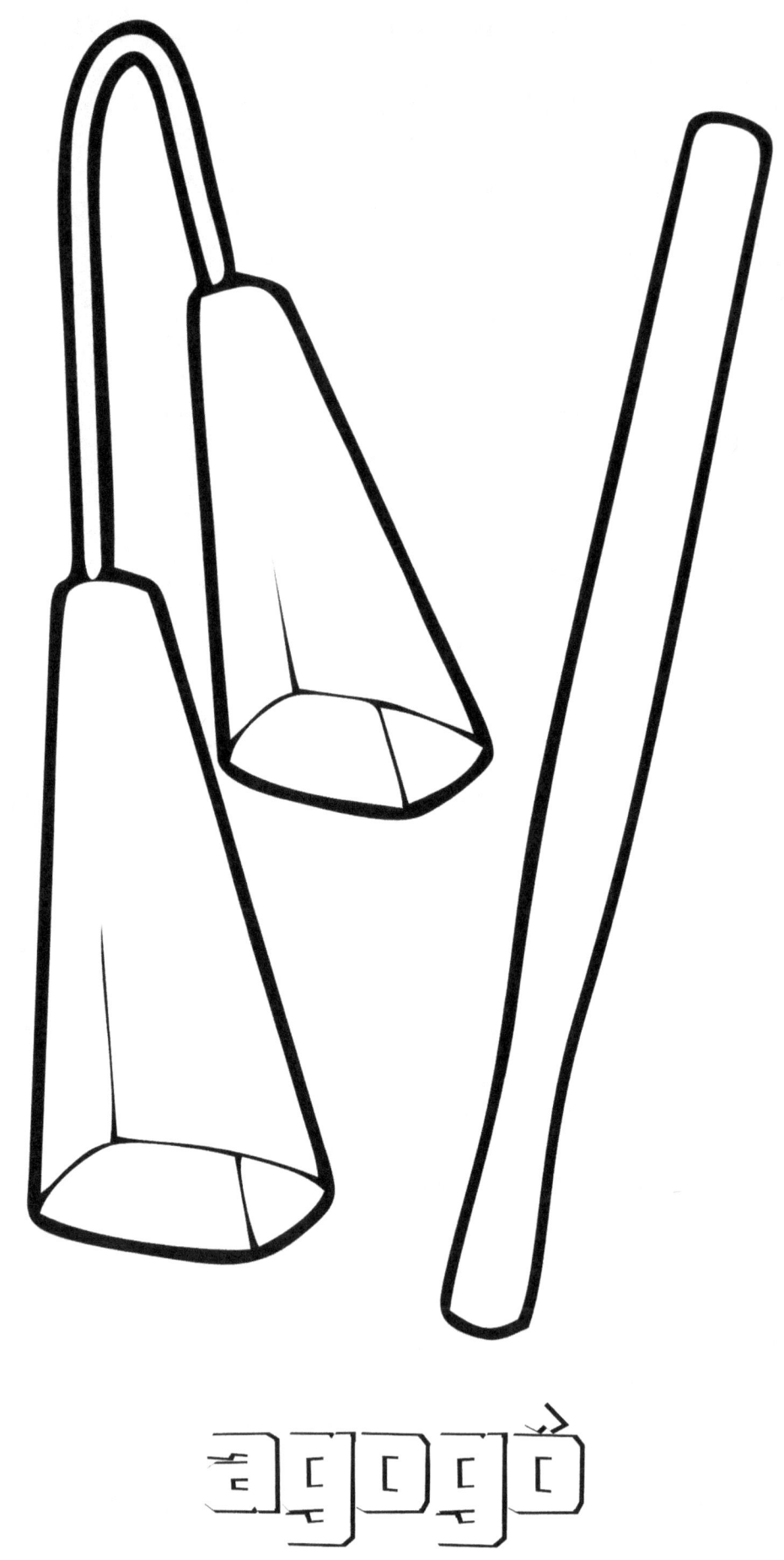

agogò

Teill 11

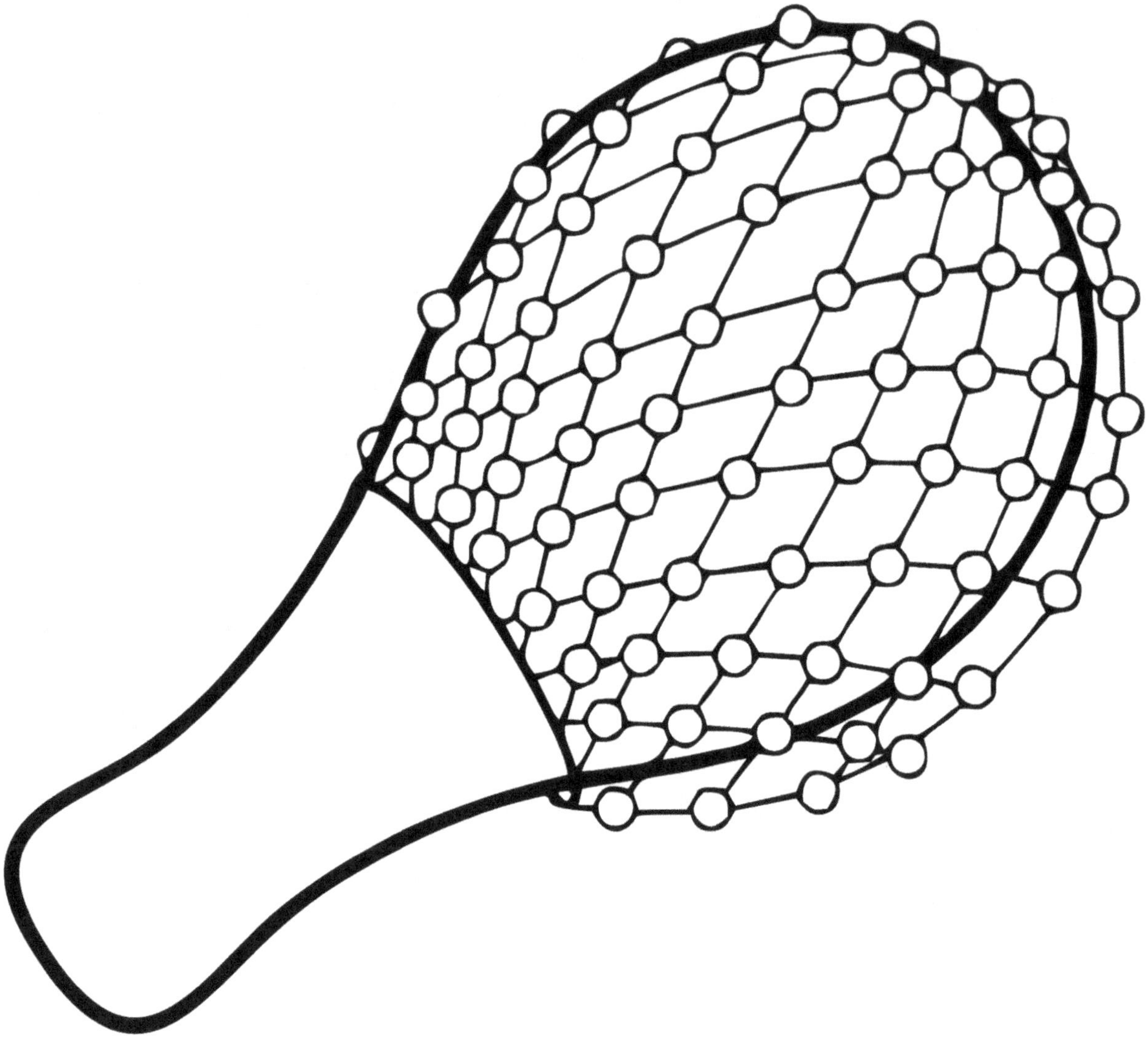

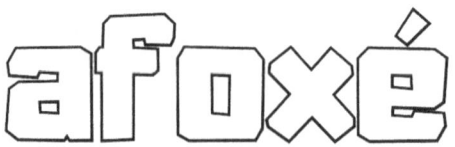

afoxé

Teill 13

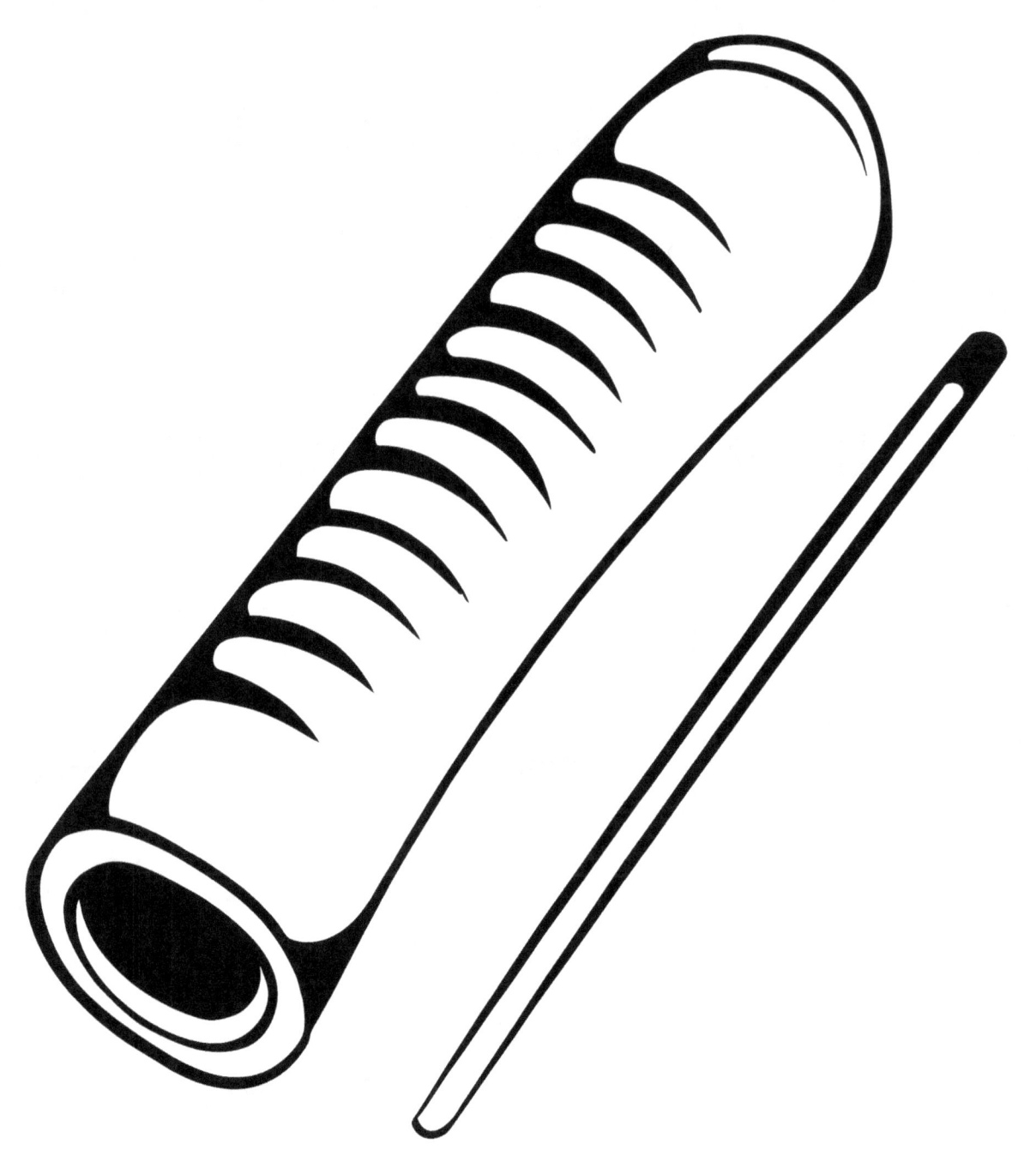

reco-reco

Teill 14

Teill 15

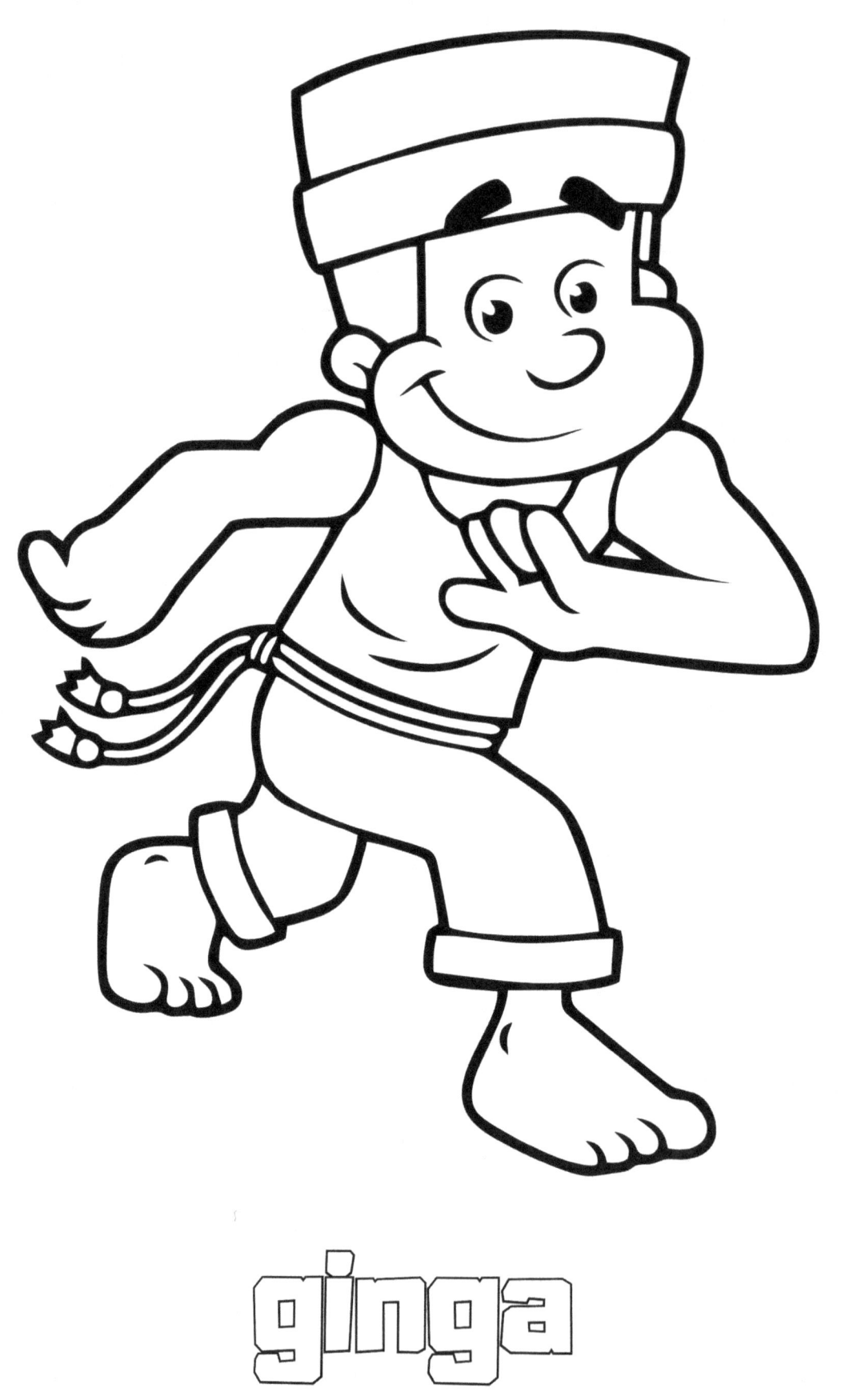

ginga

Teill 16

Teill 17

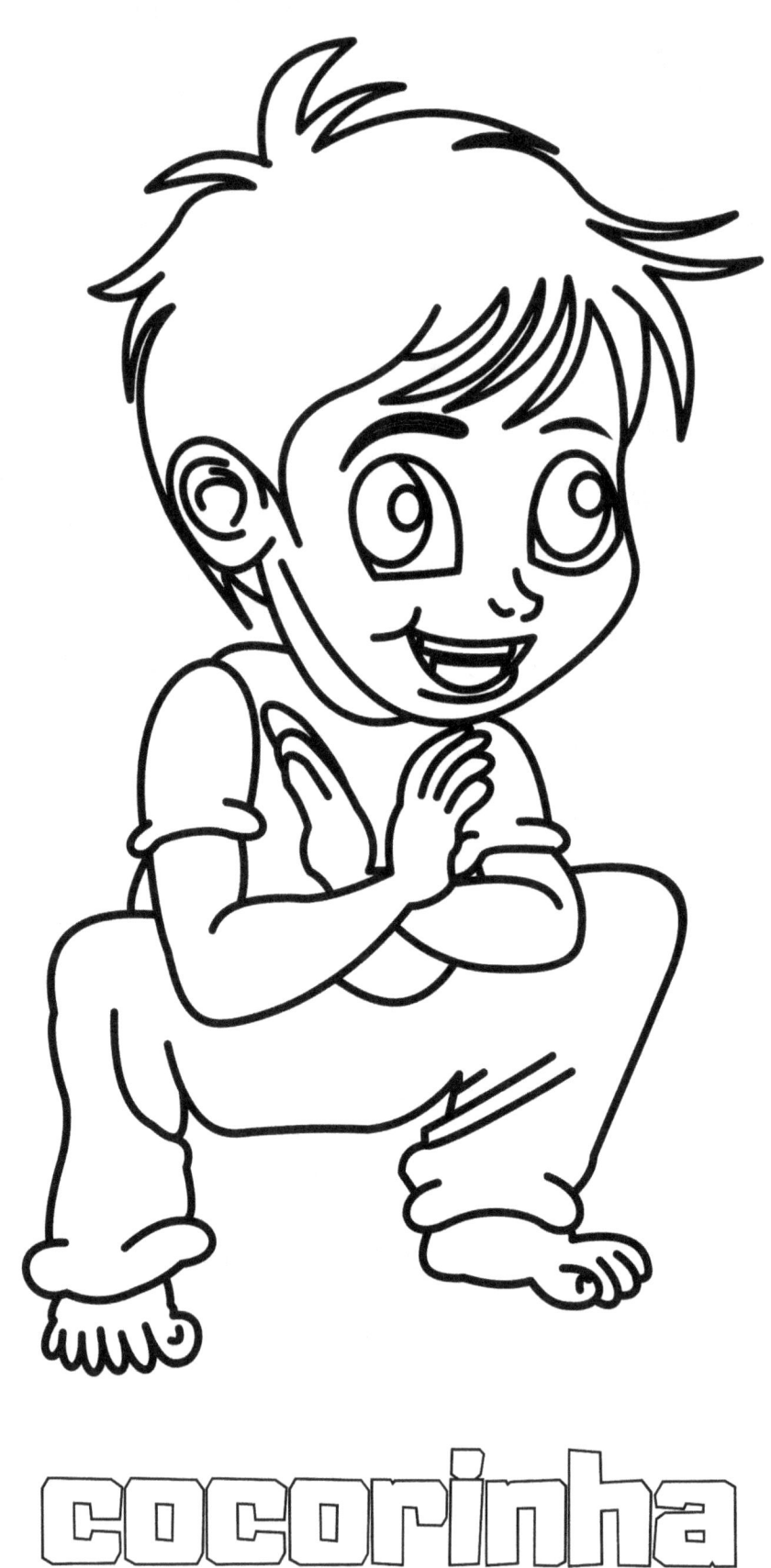

cocorinha

Teill 18

Teill 19

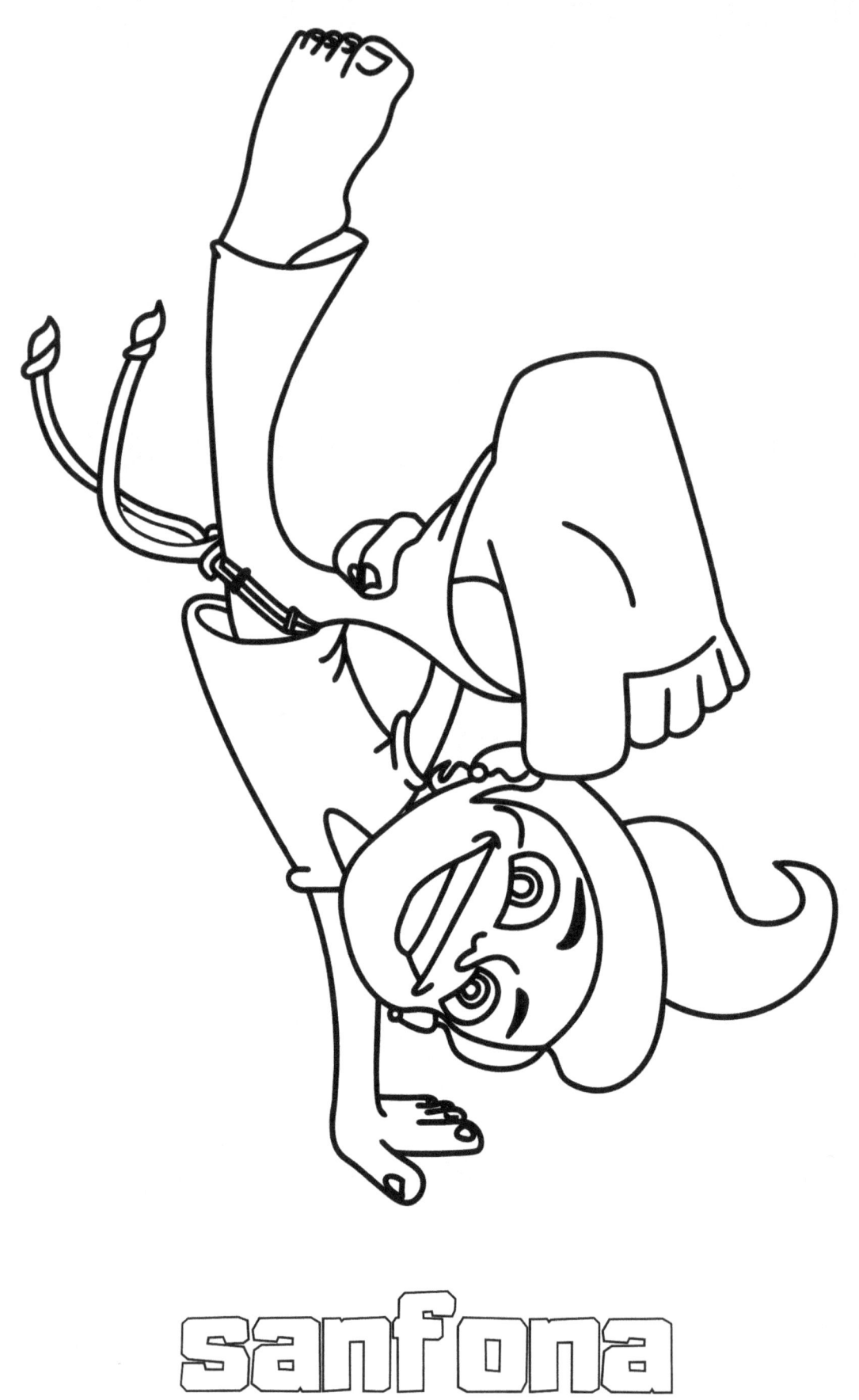

sanfona

Teill 20

Teill 21

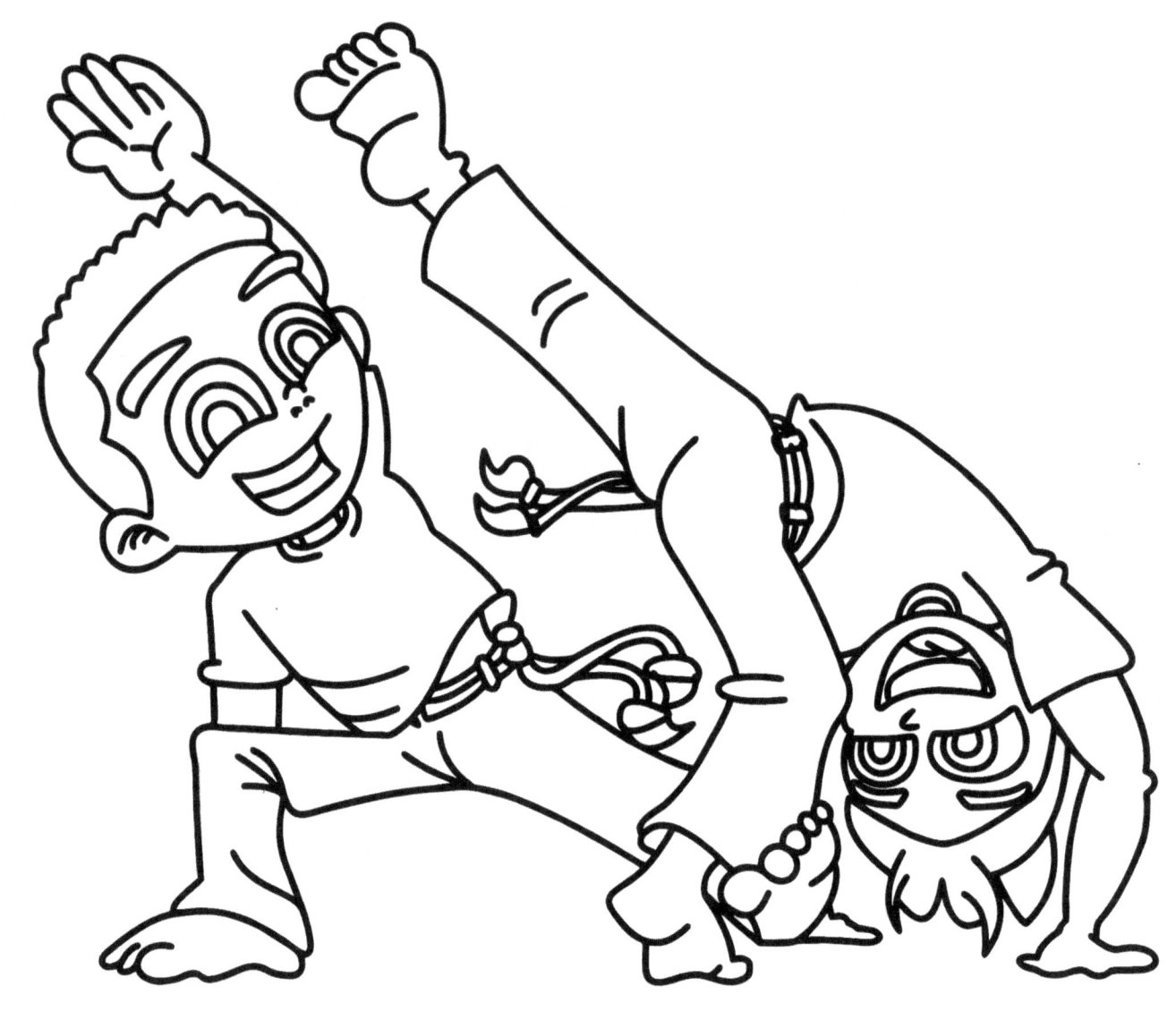

rasteira mit meia
lua de compasso

Teill 23

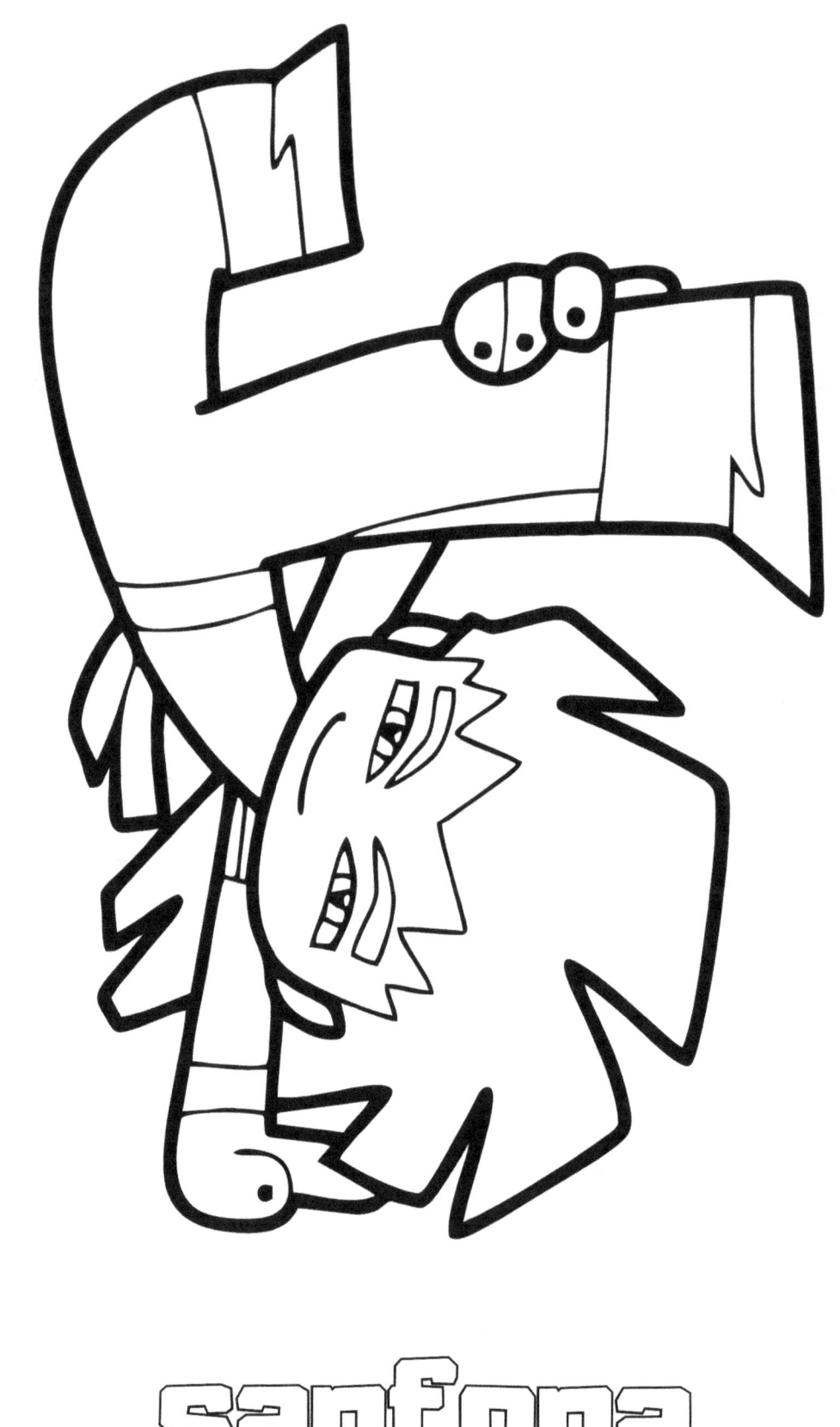

sanfona

Teill 24

Teill 25

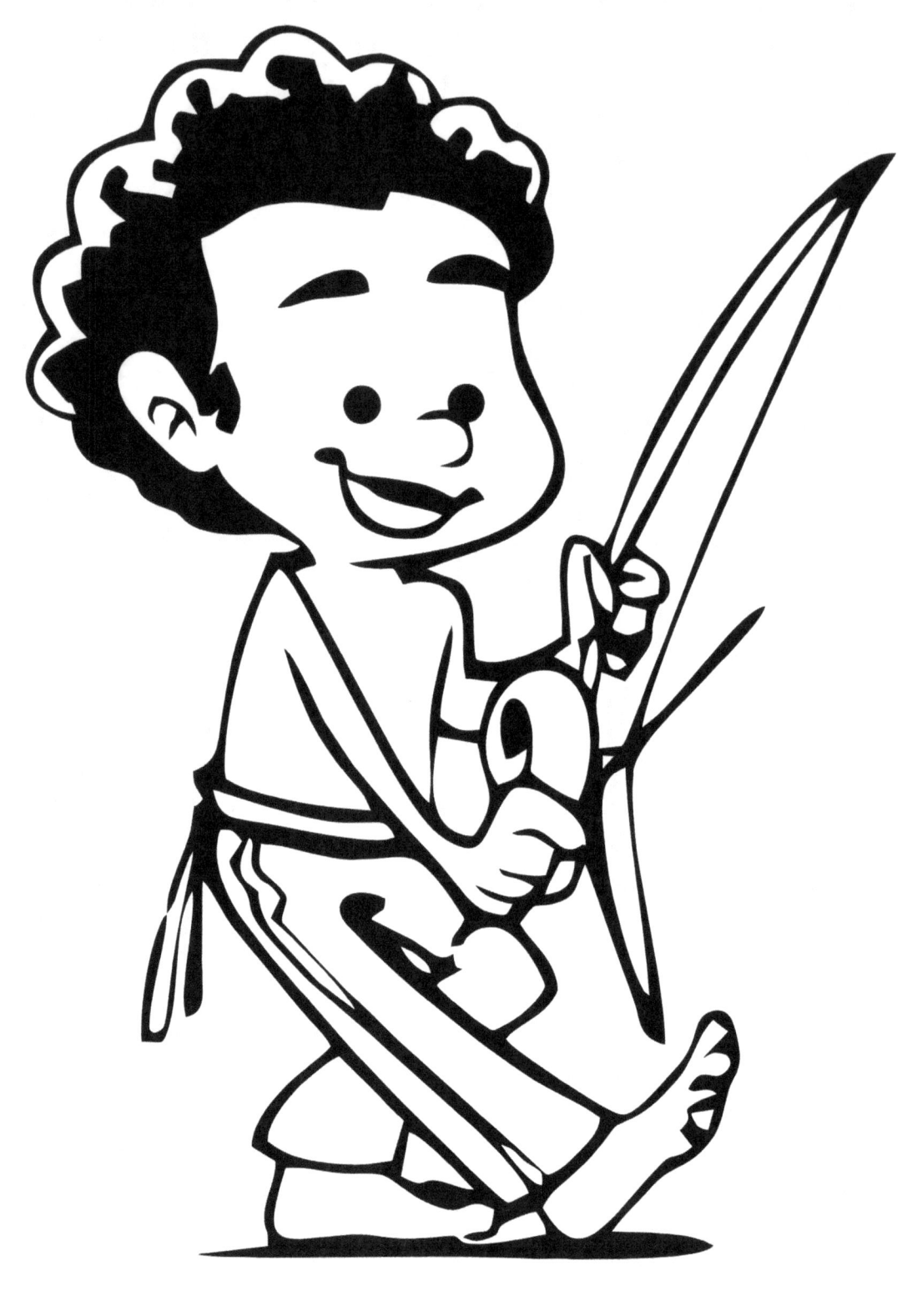

Berimbau

Teill 27

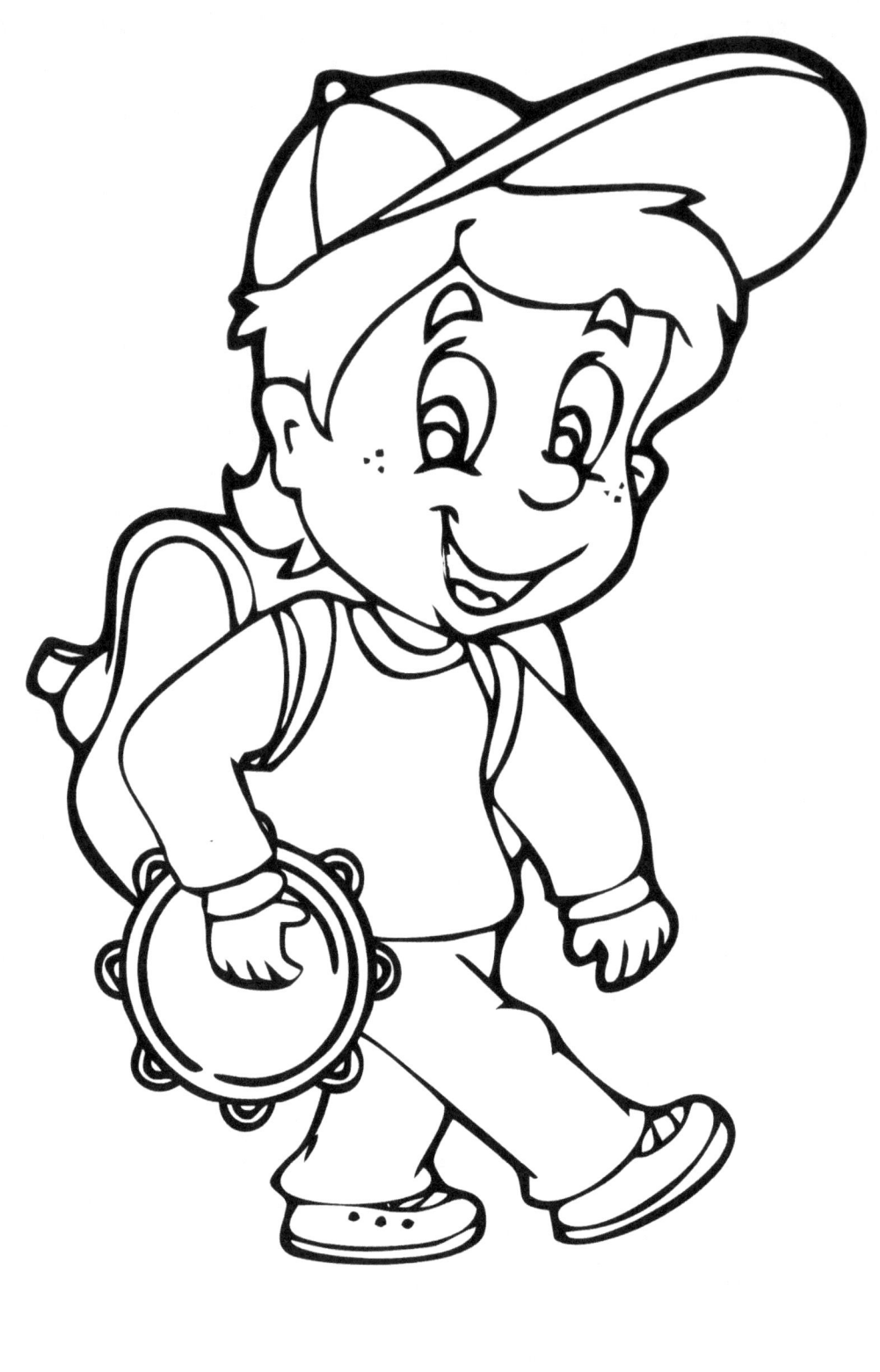

pandeiro

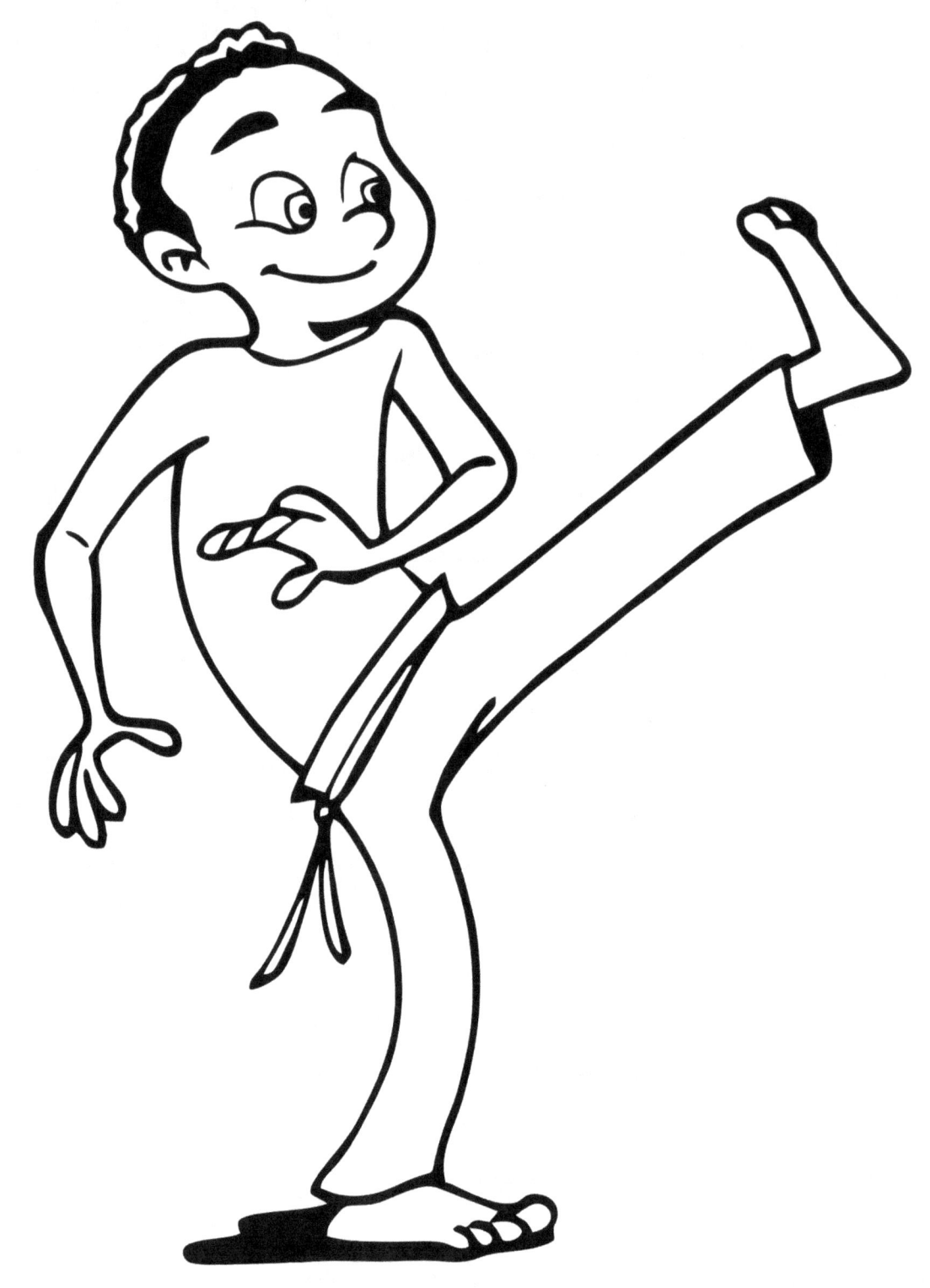

Meia lua de frente

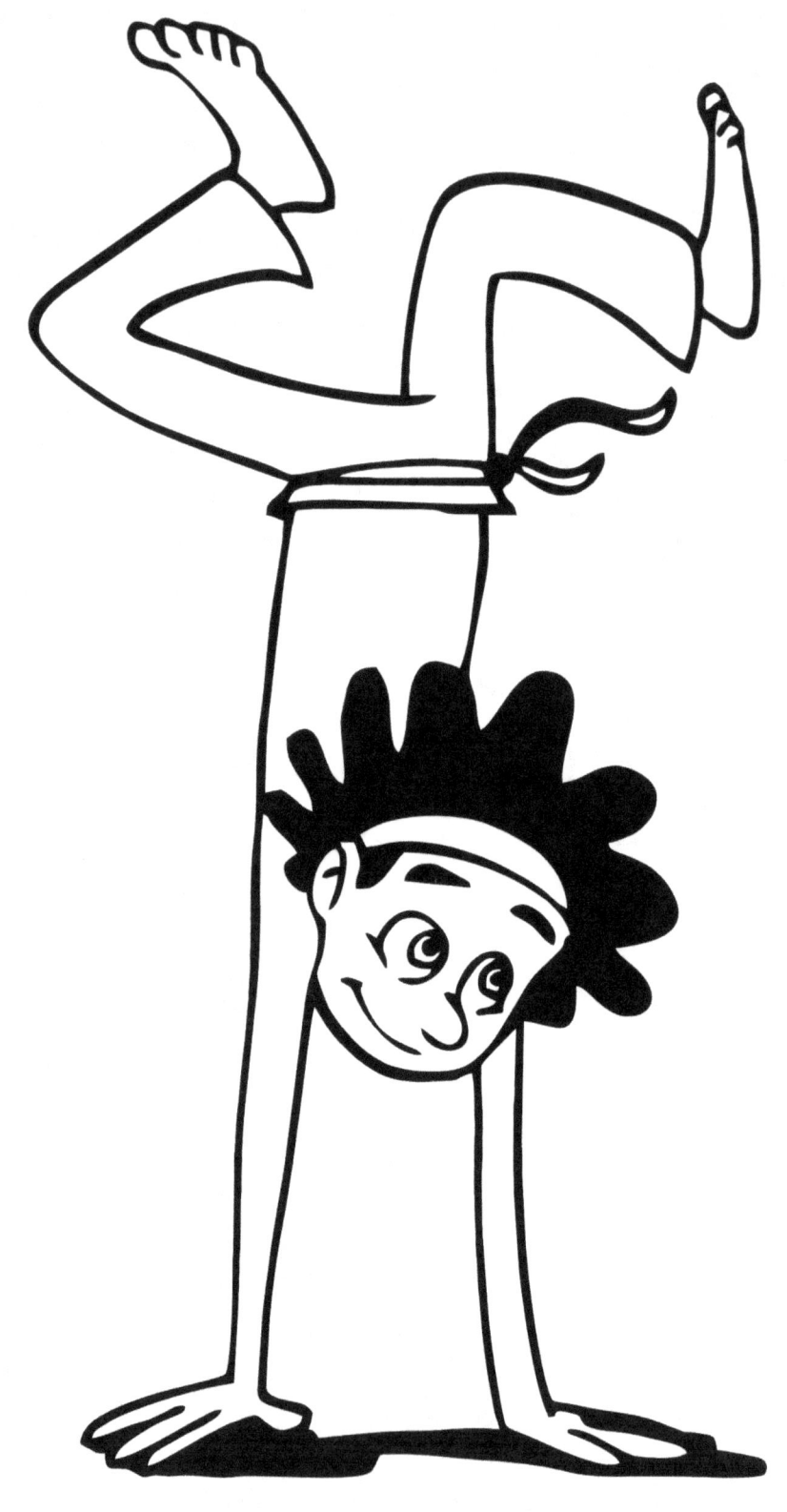

Bananeira

Teill 32

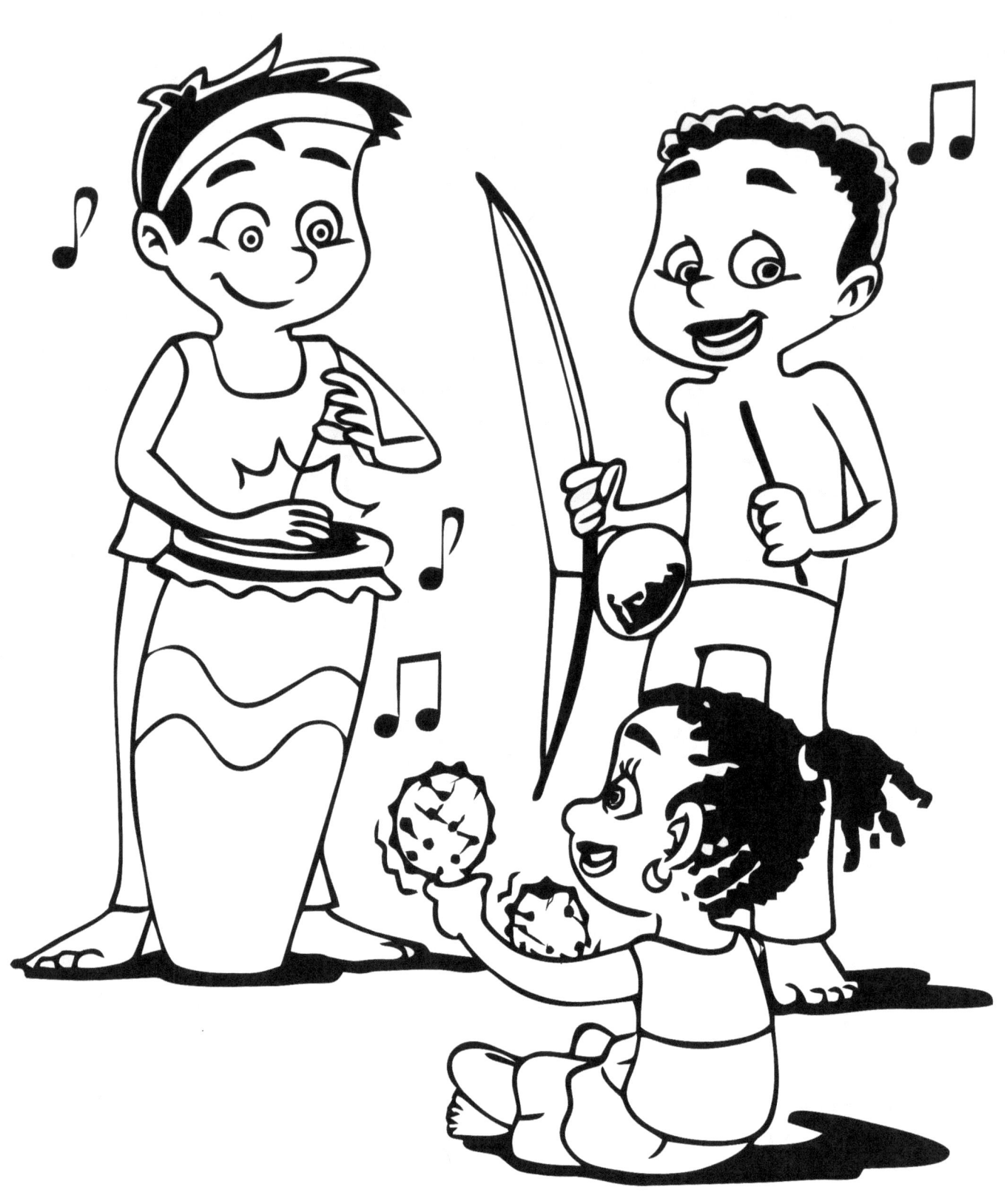

encontro

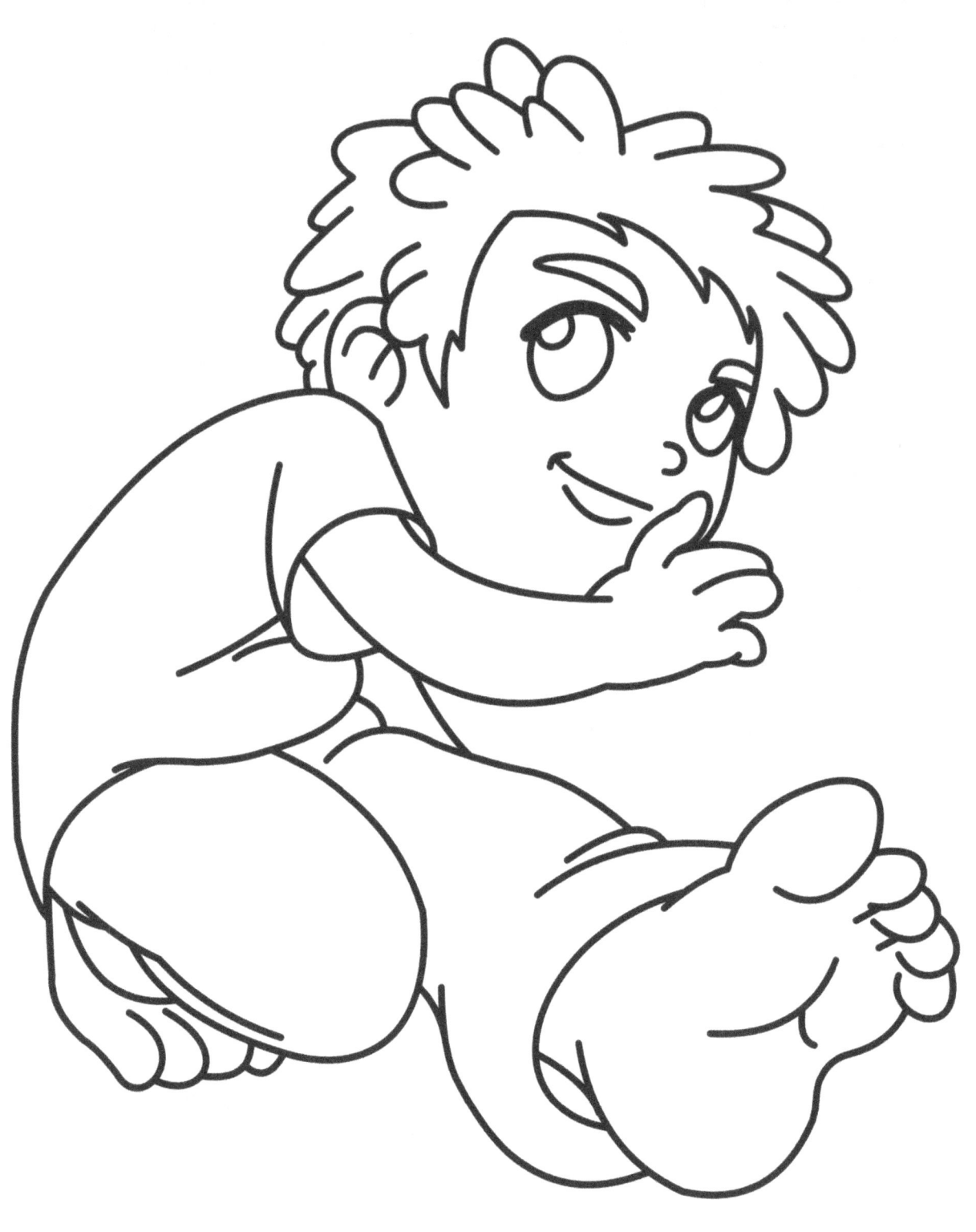

negativa

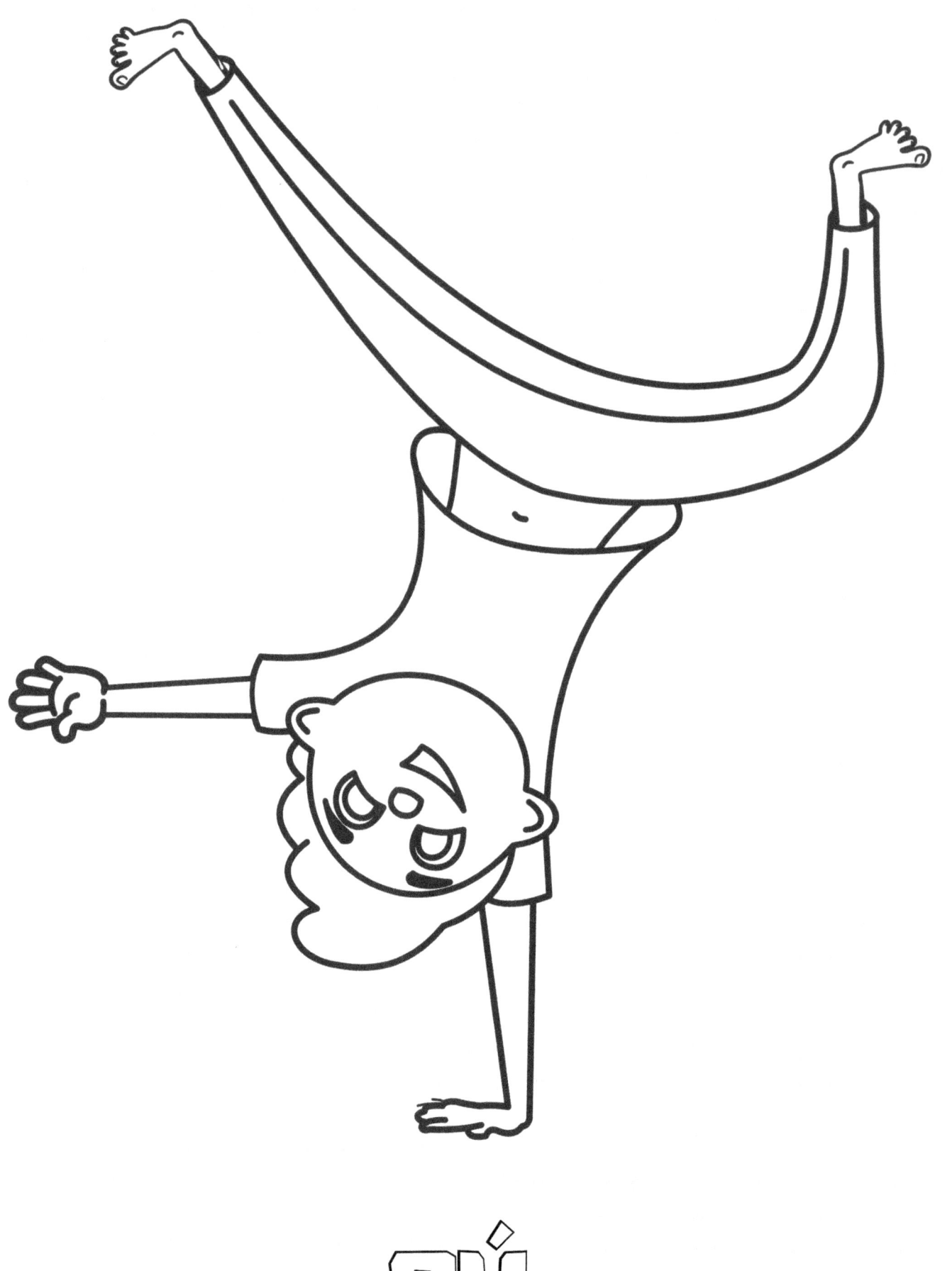

aú

Teill 38

Teill 39

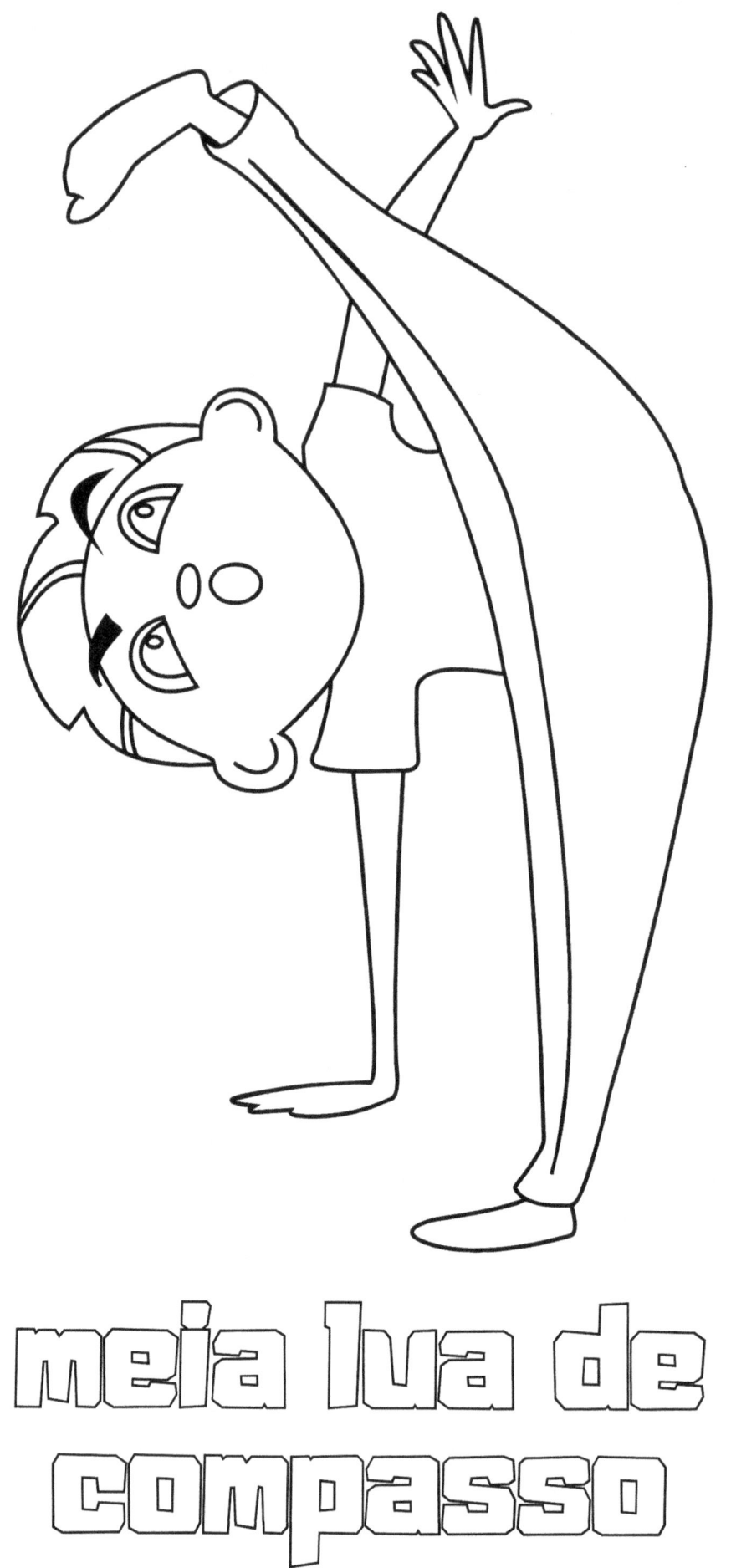

meia lua de compasso

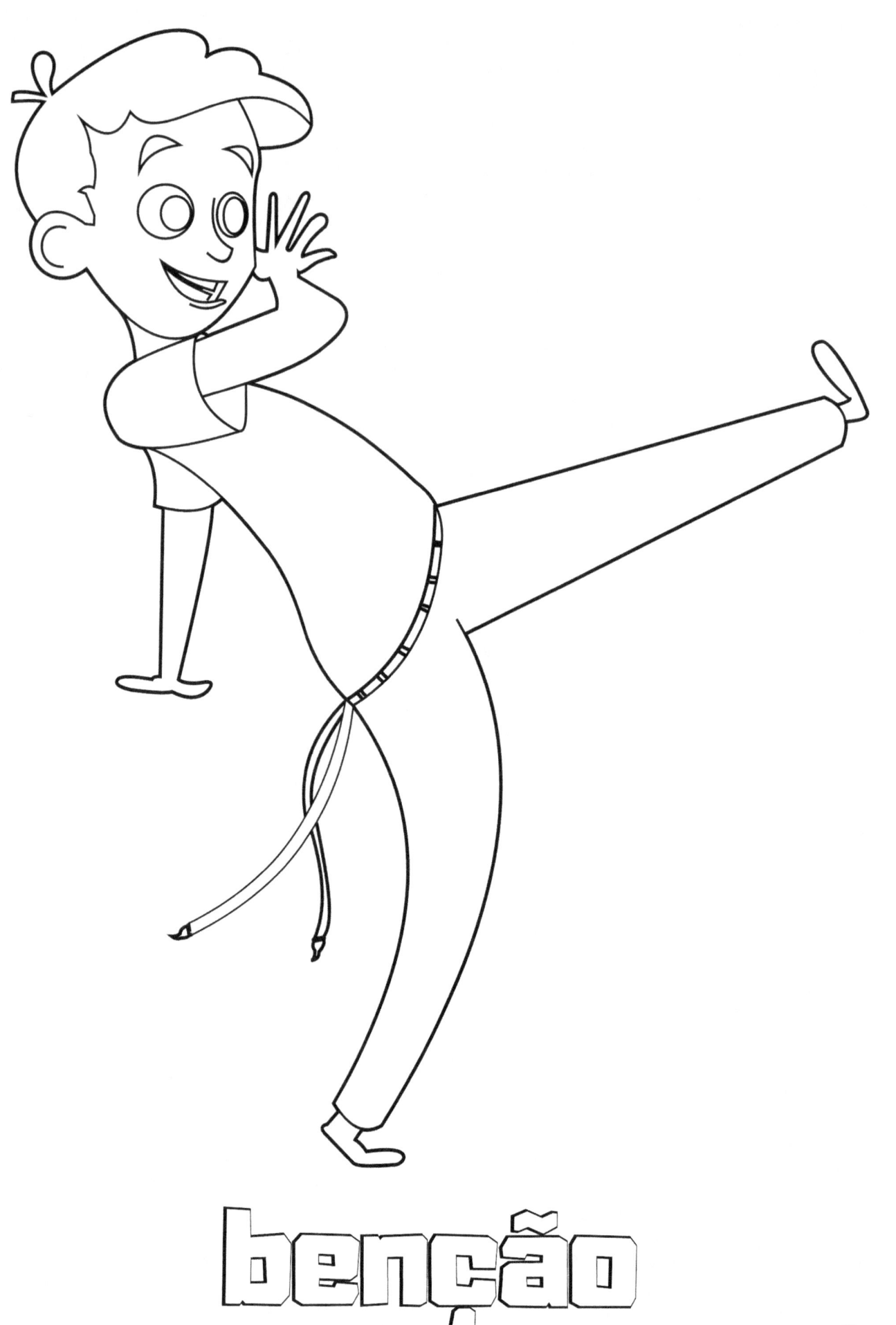

benção

Teill 42

Teill 43

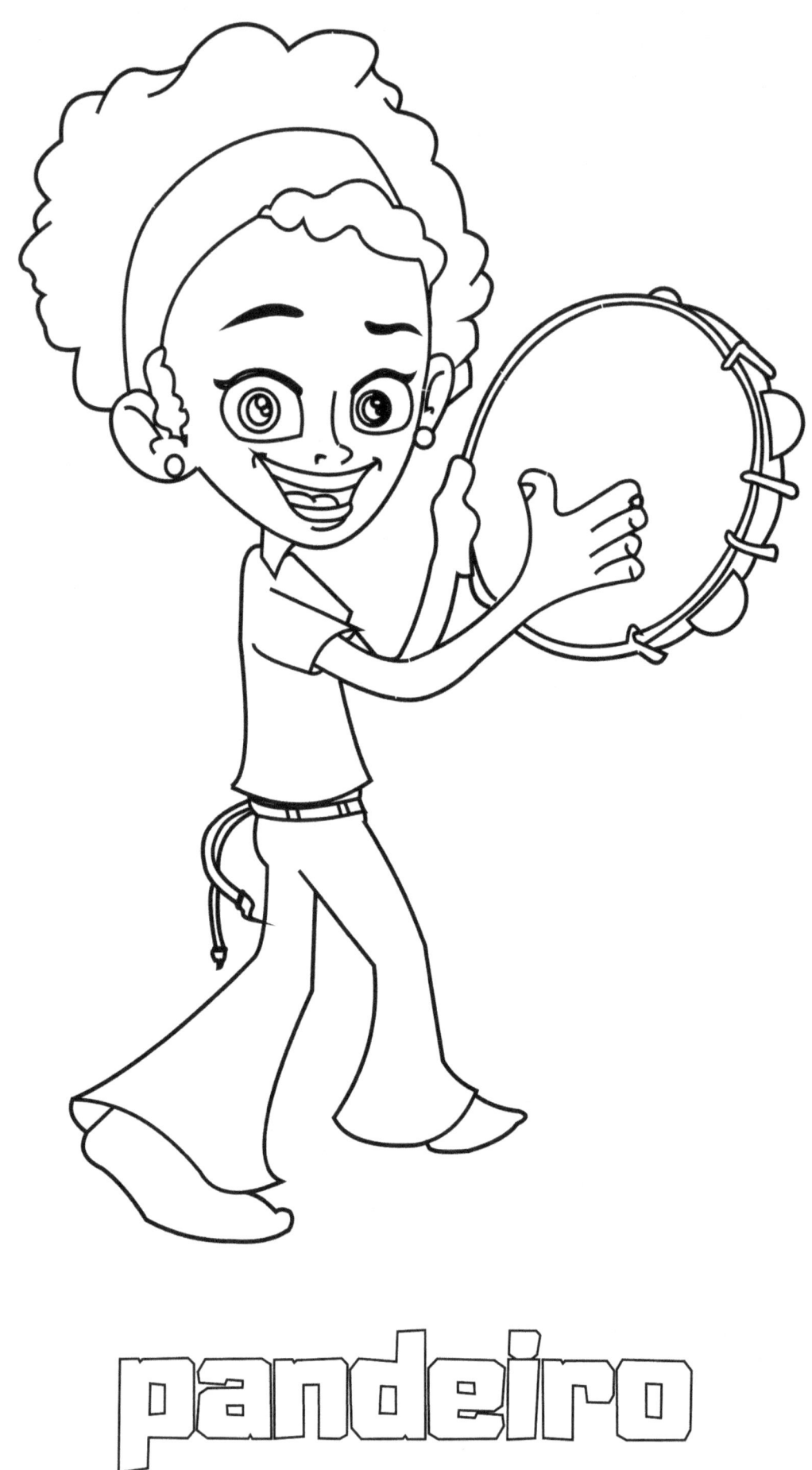

pandeiro

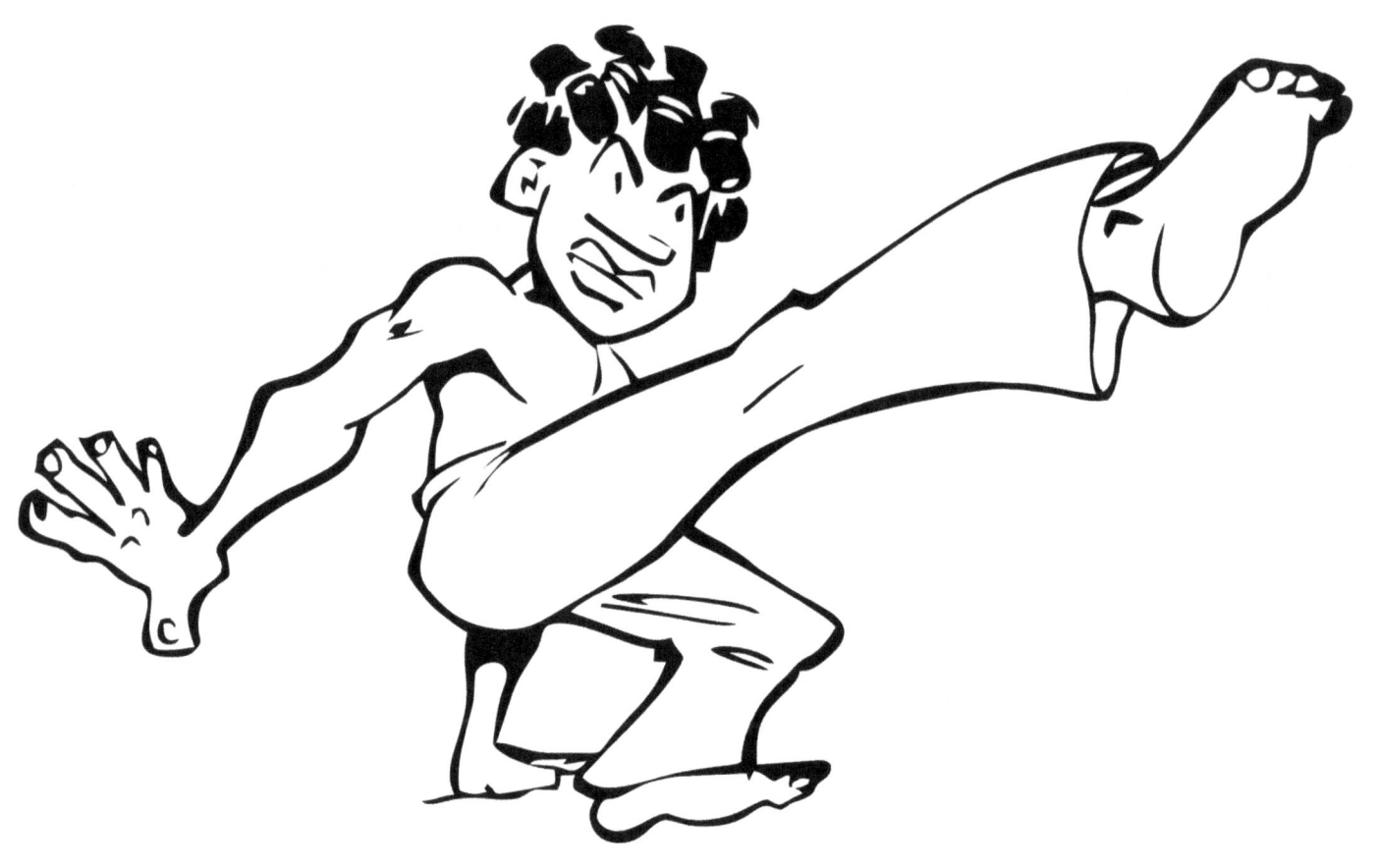

negativa

Teill 46

Teill 47

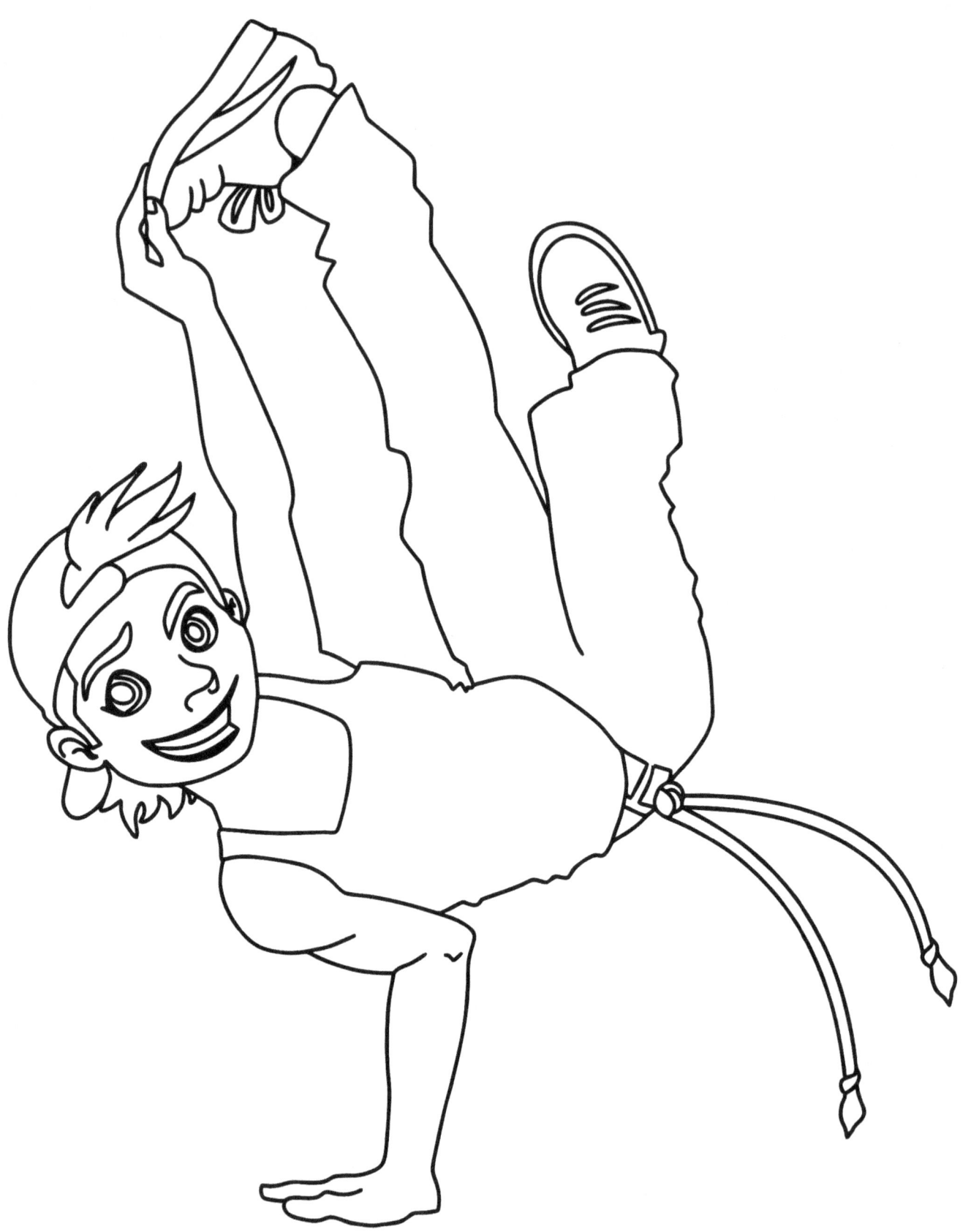

Teill 48

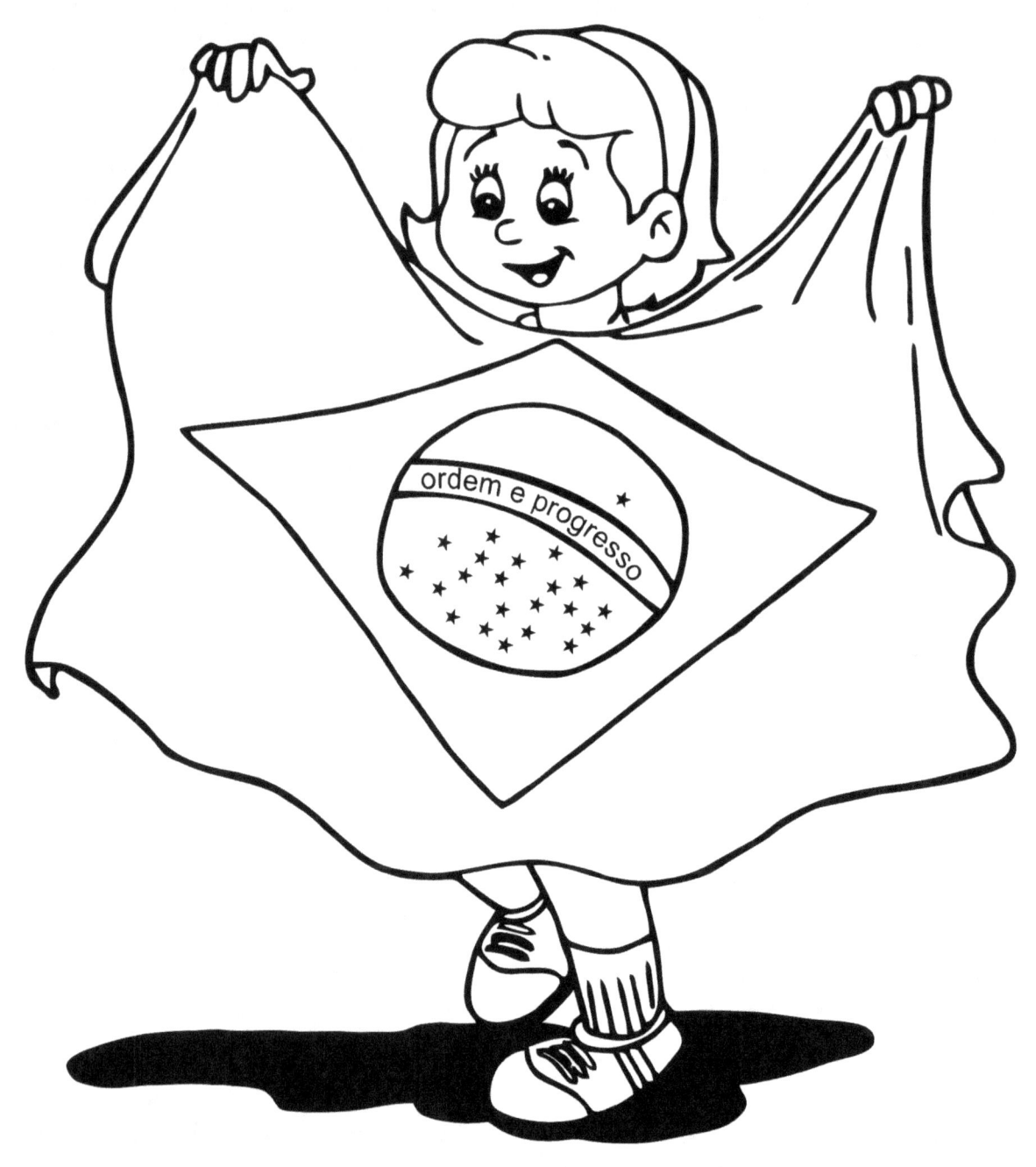

Bandeira do brasil

Teill 50

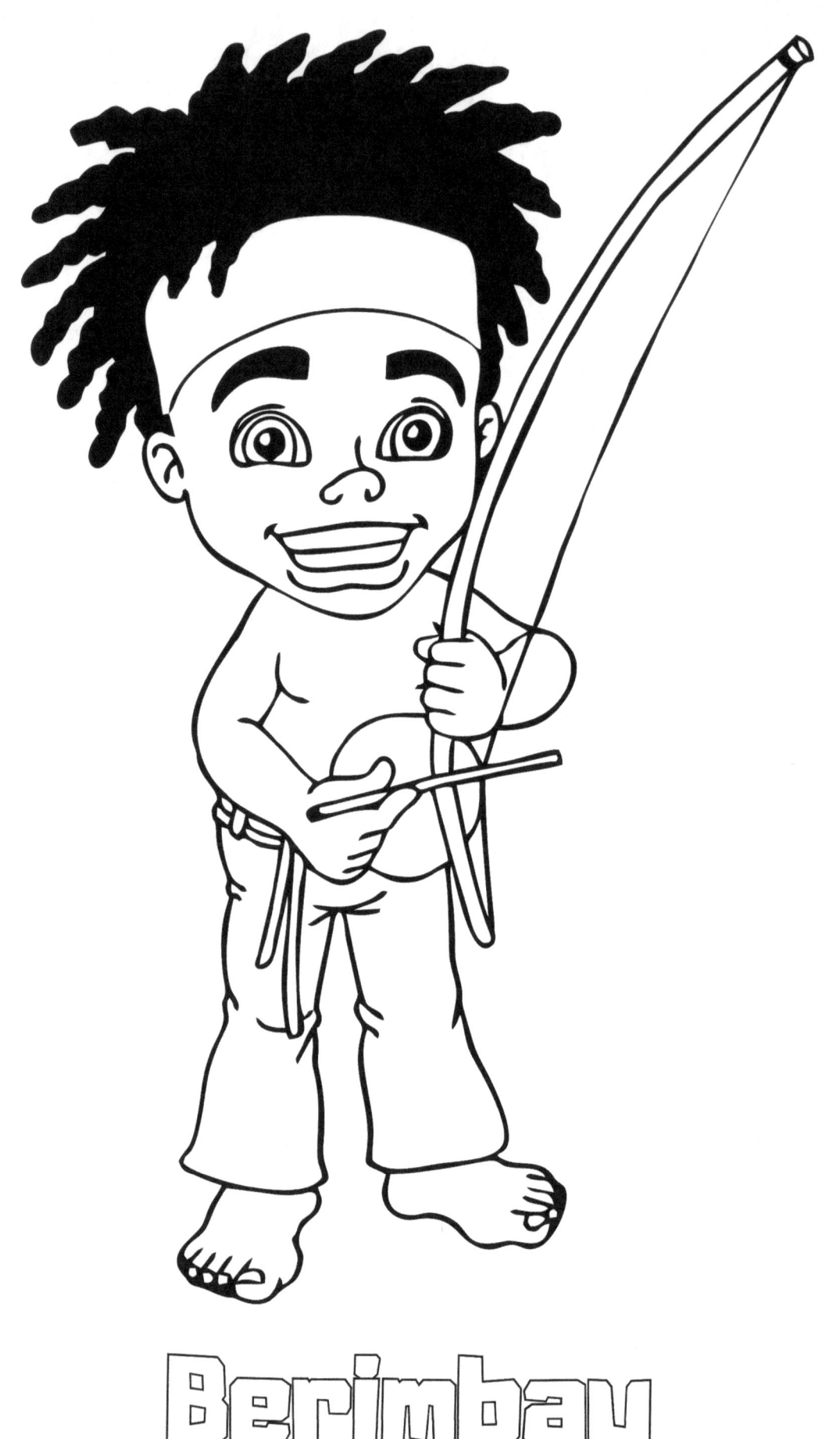

Berimbau

Teill 52

(a) **agogô** ☐

(b) **atabaque** ☐

(c) **afoxé** ☐

(d) **reco-reco** ☐

(e) **berimbau** ☐

(f) **pandeiro** ☐

instrumentos

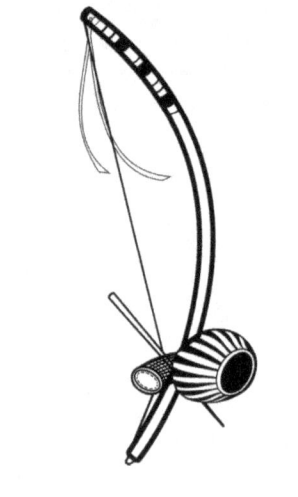

berimbau

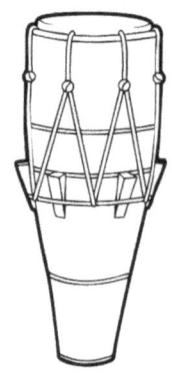

atabaque

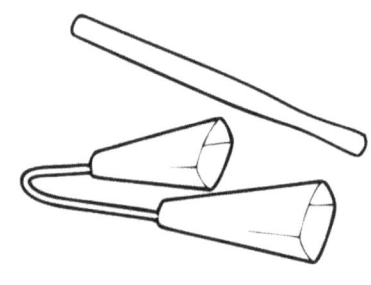

agogô

pandeiro

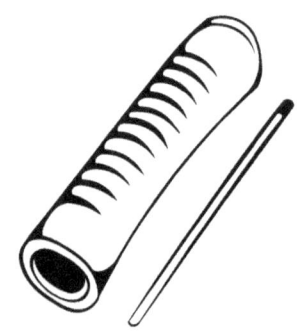

reco-reco

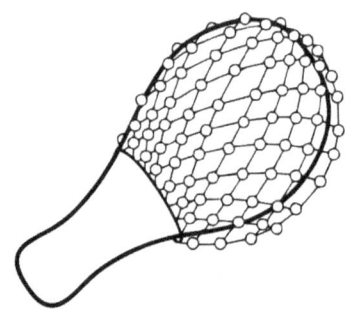

afoxé

instrumentos

Teill 57

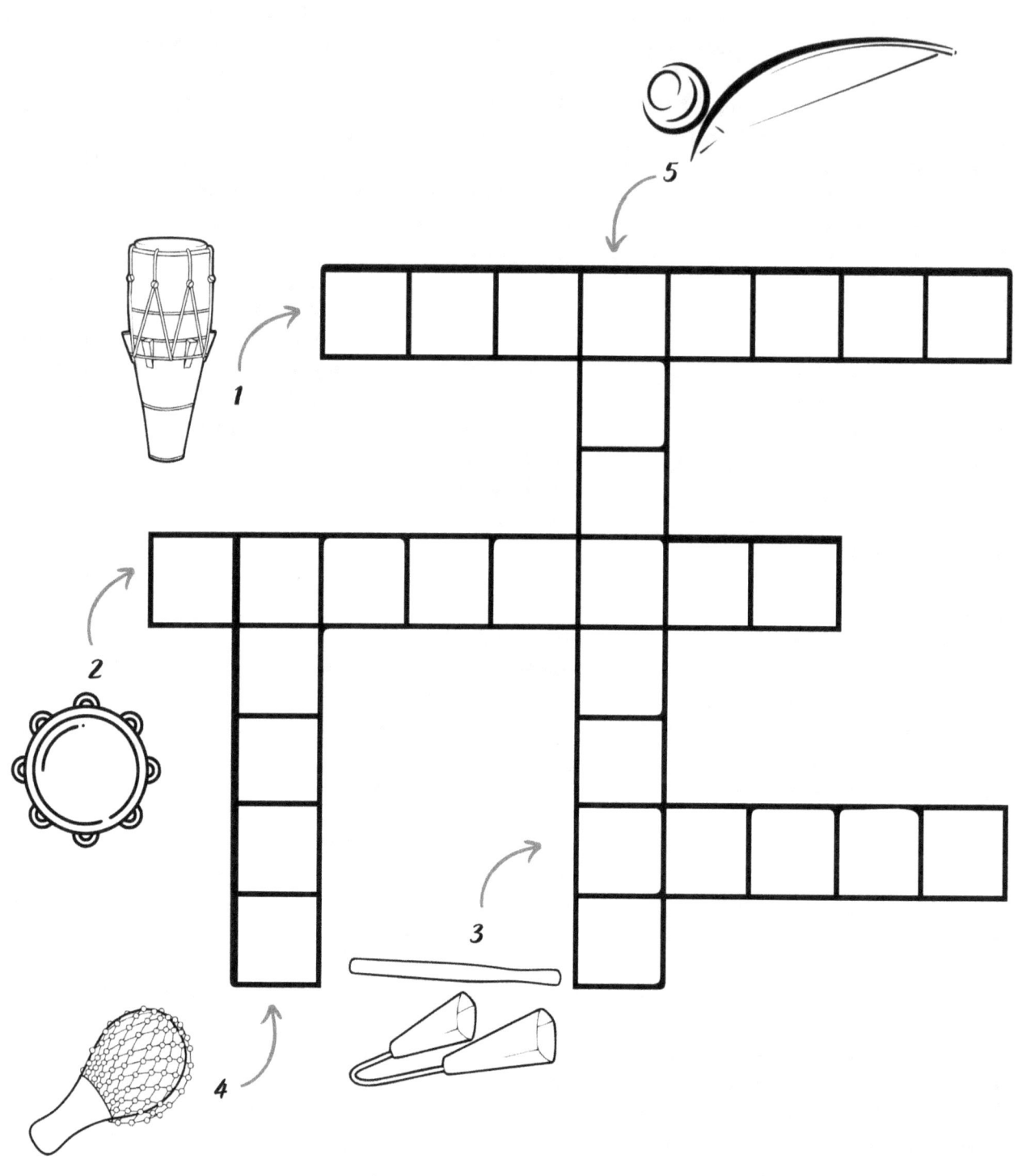

Instrumentos

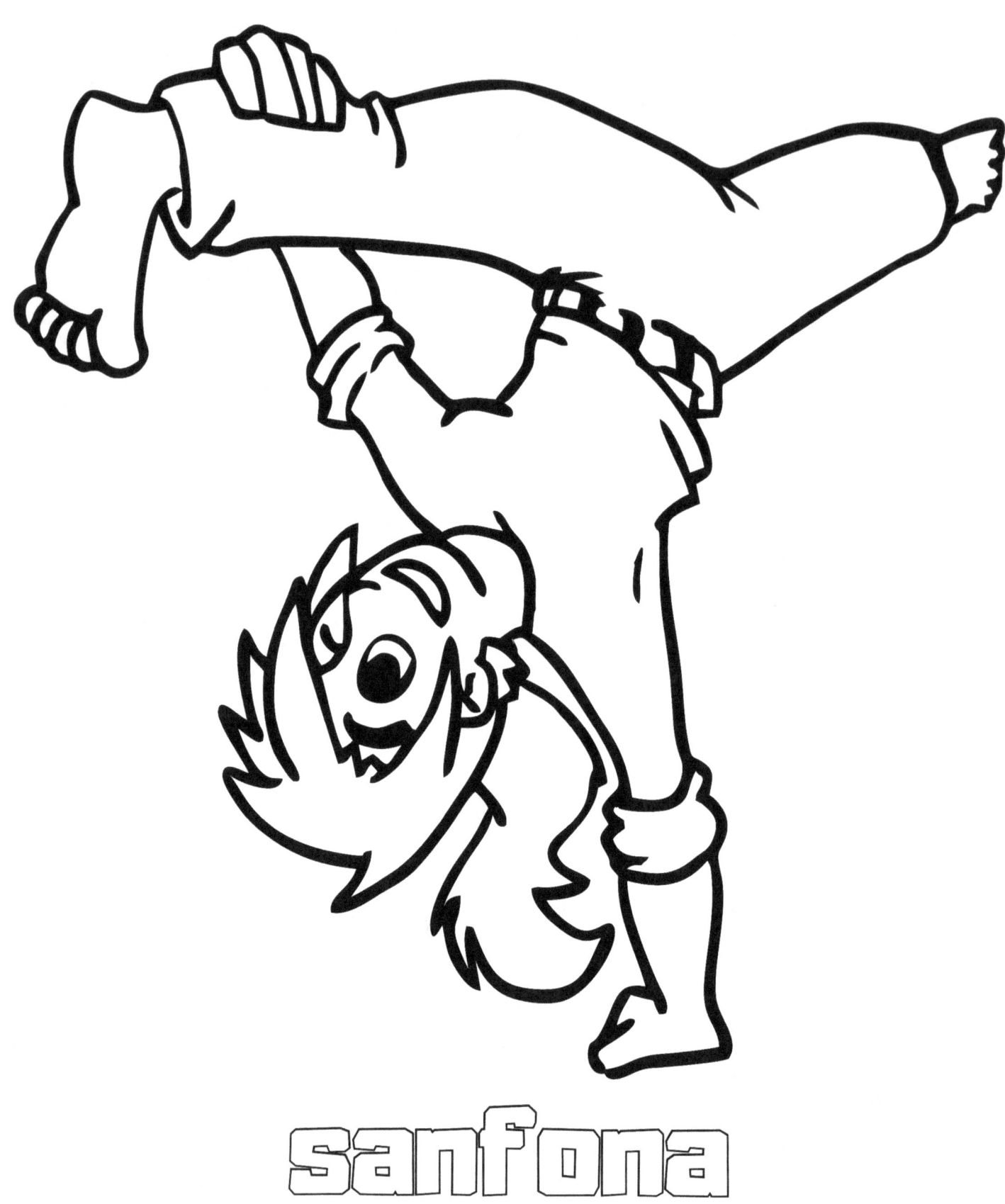

sanfona

Teill 60

Teill 61

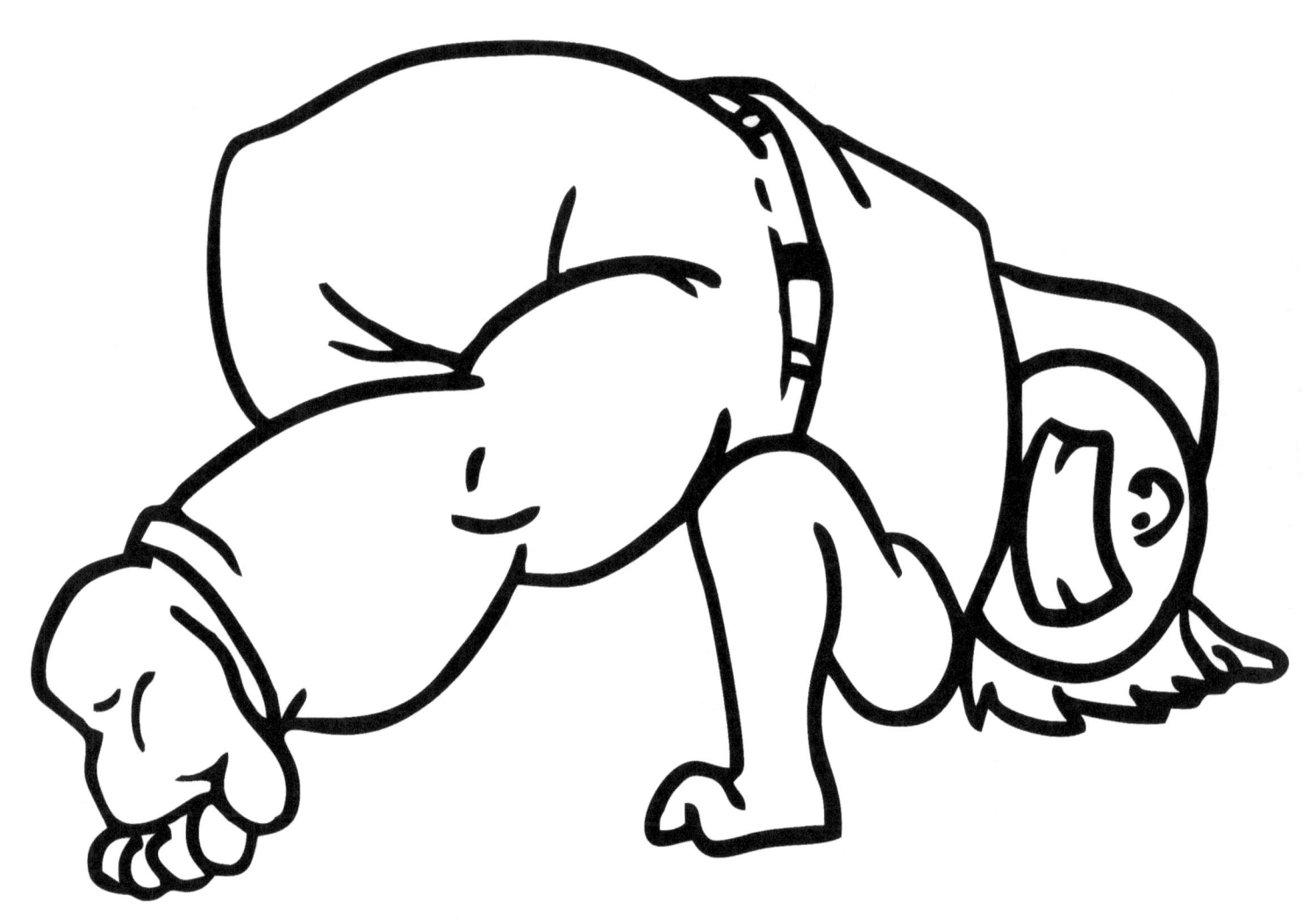

queda

de rins

Teill 63

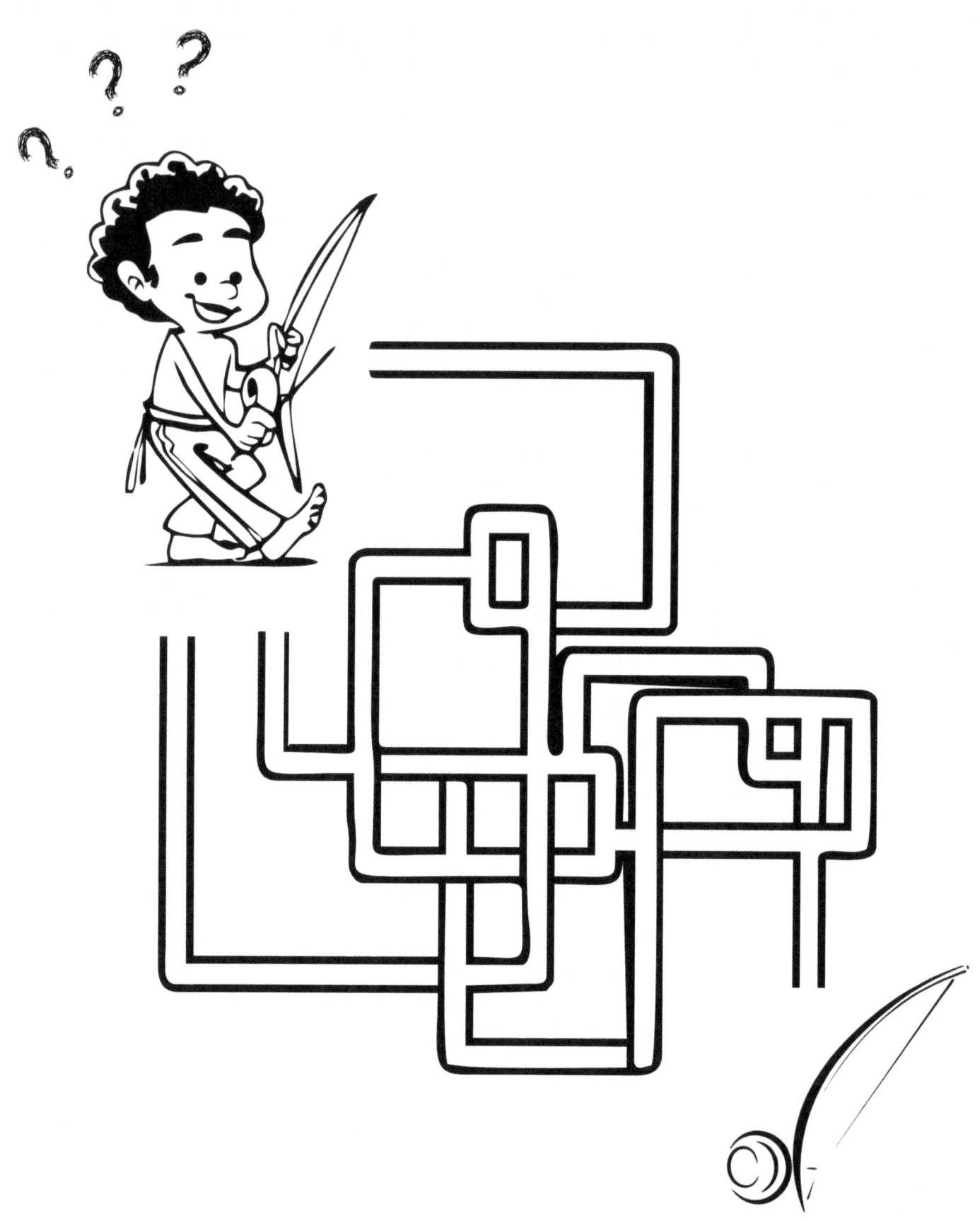

labirinto

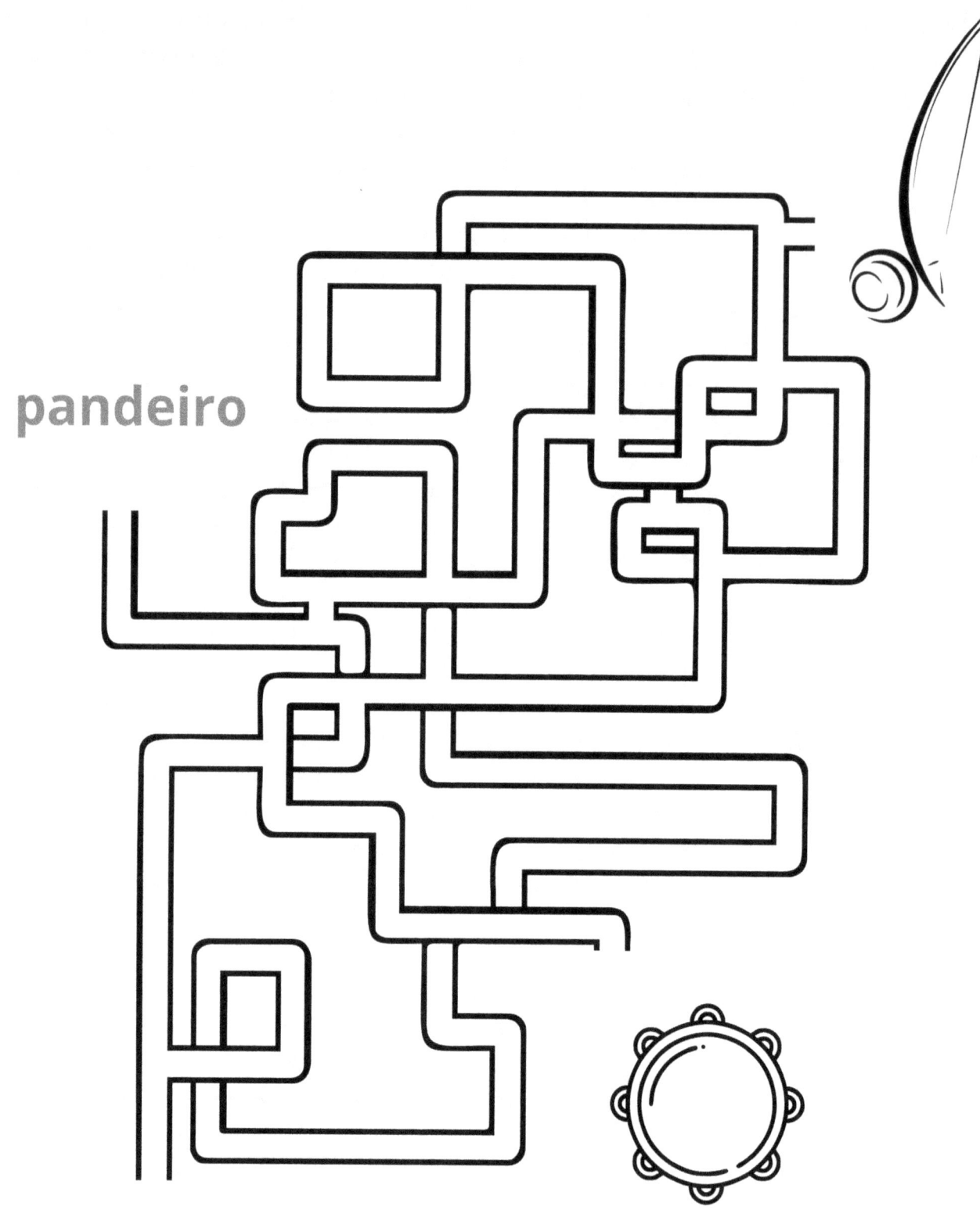

pandeiro

berimbau

labirinto

Teill 66

Teill 67

www.ingramcontent.com/pod-product-compliance
Lightning Source LLC
Chambersburg PA
CBHW060003230526
45472CB00008B/1923